NATURKUNDEN

启
蛰

探索未知的世界

Pierrefonds. Château avant la restauration (...)

CHASTEAU IMP. DE PIERREFONDS
CHAPELLE — PORTAIL

CHATEAU DE PIERREFONDS

Façade restaurée

Schéma général de l'architecture
Viollet-le-Duc Architecte 1862

城堡的兴亡

从战争到和平

[法] 让·梅斯基 著

赵念国 译

北京出版集团
北京出版社

皮埃尔丰城堡，

路易·奥尔良建成于 14 世纪末。

他是查理五世的儿子，

是瓦卢瓦的伯爵。

城堡于 17 世纪被路易八世拆毁，

建筑工程师维奥莱·勒·杜克

为拿破仑三世重新将它完整地修复。

修复中需要将旧时光与 19 世纪的风貌完美地融合。

"要较好地修复建筑物，

就得发掘它的用途，

将这一点发挥到极致……

而最好的方法就是重现它古老的面容。

让我们为世间的幽灵重建一座城堡，

就像为我们自己建立一座城堡一样。"

目　录

In summitate turris, ang vis, candelab... fac
Lumie pponte, accensa quo mediante
Se vitro rubeo, lucerna cum longo collo
Sup opticam, penas lumen continente
Fac tibi lucerna, lucet, detem lentas vel vis...
Lumen ministrabit, optima nec ventus nocebit

当阿努尔·达尔德雷（Arnoul d'Ardres）看到命运之神对他微笑时，他便在一片洼地的中央垒起了一个异常高的土台，人们称之为"城堡"。它俯瞰周围的原野，四周围绕着城堞和防御设施。他还给它建了吊桥、大门和其他的实用设施。

——《阿德尔的兰贝特家族编年史》，1060 年

第一章
城堡的军事属性

左页是一幅 15 世纪初有关中世纪城堡的绘画作品，主塔、城墙箭垛和砖石砌体显然是主要特征，侧塔与门塔也在适当的位置上。在围墙内，领主居住的"宫堡"使寓意更趋完整。

提起"城堡"，脑海中顿时会呈现各种栩栩如生的图像：佩带武器的骑士、旌旗迎风猎猎的主塔，还有阴暗的黑牢和四通八达的地道。甚至还会浮想联翩：与行刑室并列的还有绿林好汉罗宾汉（Robin des Bois）、艾凡赫、骑士的比武、缠绵的爱情。事实上，与人们的想象大相径庭：首先，中世纪的城堡是征服与权力的中心，是行政管理的首府，是领主的宅第；其次，它或多或少带有防御设施，是个抵御外来侵犯的堡垒。当然它还可以有这样的定义：它是个内部有防御设施的、奢侈的住宅建筑。

由此可见，城堡的现实作用是复杂的，但在这些作用中最受重视的是防御。尽管如此，想象还是占了重要地位，可以追溯到遥远的过去。只要阅读古代文选和小说，凡是谈到城堡，字里行间不时会透露出丰富的想象和象征。可以将城堡看作具有密码意义的建筑，其中

1204 年，围攻"坚固城堡"（Château-Gaillard）是腓力二世征服诺曼底的重要阶段。它也是个颇具象征意义的重大事件，因为"坚固城堡"是"狮心王理查"（Richard Cœur de lion）的个

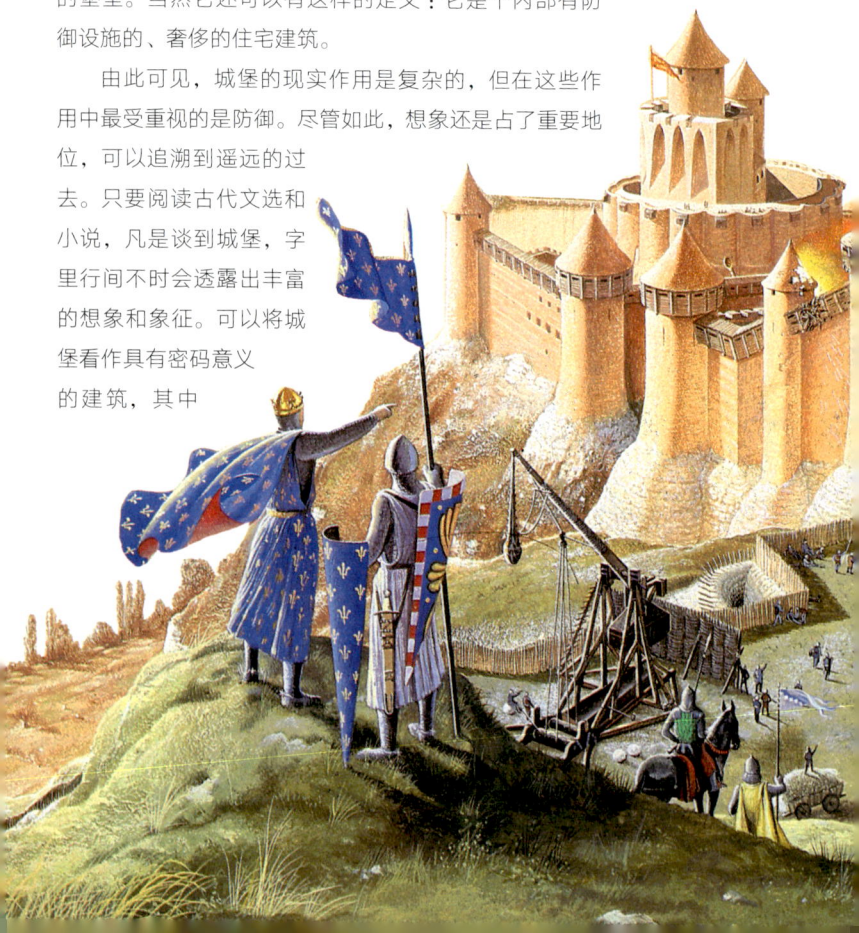

的每座侧堡、楼房都是符号，不同的年代可能以不同方式解读。在城堡建造的年代，无论是否是军事性质的，首先体现的都是封建权力。在以后的岁月里虽然出现了各种取向，但其中固定不变的是，城堡是领主的炫耀手段。以至于人们将城堡或围墙与领主的社会地位等同起来，同时，通过这些建筑也充分表明了领主要求人们对他们社会地位承认的期盼。

人杰作，它充分表现了所有的封建体制特性：主塔、侧塔、带堞眼的突廊，天才地导演出划时代的战斗场景。这幅现代绘画就是从这方面来表现的。

10世纪起，肖像画中常可看到土台。它的四周有栅栏，并被贴近主塔的围墙或护墙所环绕（左图）。在攻城军队中，弓箭手的数目惊人。

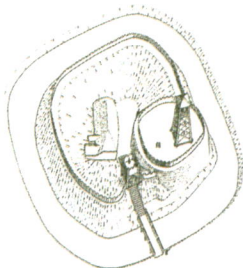

土台：
扎根在泥堆中的军事力量

　　10世纪时，封建体系逐渐初具雏形，城堡的象征（即权力所在地）也开始体现。城堡的高度无疑是这象征的首选标准。在当时的文献中，形容城堡高矗的词汇如"宏伟""高大""了不起""陡峭的山峦，深深的隧道"等不胜枚举。自那时起，西欧大地到处是人工堆起的土台，它们是城堡建筑最醒目的标记。它们一般是圆锥体，高10米至30米，通常建在古老的遗址上。

　　在1050年至1150年，英国戈尔多地区默西埃国王的堡垒遗址上，达勒姆主教与切斯特（Chester）伯爵用木栅栏圈起了一个场地，四周挖起了一道道壕沟，场地中央是已成了残垣断壁的王宫旧居。11世纪，它成了带院落的土台城堡。地位一般的科地区领主米尔维莱（Mirville）在11世纪继承了一块带有堡垒遗址的圈地，他做了同样的改建。在德国的霍斯泰克帕垒的遗址上，也可以看到类似的变化，长期以来，它一直被当作这类变化的典范。

　　由此可见，土台是人工堆起来的，它标志着新的权力形

从10世纪至13世纪，土台成了封建制度的象征。木头塔楼矗立在土台上，在土墙团团包围中，它成了核心。围墙被壕沟隔开，周围有不少人工垒实的、筑有木栅栏的小掩体来保护它。一般来说，领主住在城堡的内院里。

式的诞生，与当时正在变化中的社会息息相关，它通常建在旧堡垒的遗址上。

可以从多方面来看土台的象征性特点：在形象上，它非常高，当年编年史作者的夸张是有其道理的；在建筑上，有其另一层意义：作为土方工程，必须靠该领地的民众来完成。为了建造土台城堡，领主可以动用徭役，由此可以看出该领主的权力究竟有多大。

土台如此多，于是许多古堡的遗迹被"埋在土里"了：人们将这些古堡填高，使之耸立在新堆的土台上，古堡的底楼不可避免地"沉没"下去了。安茹省加洛林王朝豪华的杜埃－拉－方丹古堡就是这些例子中的一个，在布卢瓦伯爵家族的骗子蒂波的指挥下，

越来越多的土台建筑与领主的权力有关，他们可以强迫臣民服苦役。巴约挂毯上的画描绘了在黑斯廷斯（Hastings）原野上堆土台的情景，直接反映了领主建造土堡的实况。

这个古堡在 10 世纪末和 11 世纪初被重新整修，结果它的底楼被埋在了被填高的土台之下。

土台城堡

这类城堡一般由土台组成，有栅栏，有若干楼房，当然还可能有一座木头或石头建起的塔楼，并有个略显封闭的院落，院内有几间生活用房、一个小教堂和若干官邸。这些建筑物和土台统统称为"城堡"，它是封建权力的所在地。巴约挂毯上的图画清楚地表现出当时城堡建设者的这一爱好：挂毯画上的城堡都是些建在土台上、具有王权特征的建筑物。

还有些更为复杂的遗址，堆起的各种土台表示领主权的划分。最鲜明的例子是比西堡（Bussy-le-Château），在 11 世纪至 13 世纪期间，尚帕涅伯爵家族（Champagne）和他们的藩属在沿韦勒河（la Vesle）的一个遗址上建起了四座并立的土台城堡。

自从土台成了城堡建筑的中心后，在一些城堡的贵族院落和平民院落之间渐渐发生了一种变化，在另

11 世纪末，罗贝尔·德·贝莱姆为英王红发威廉在诺曼底建造了一座气势雄伟的土台城堡——日索尔堡（左上图）。它成了与法国王朝对峙的英国王朝大本营：亨利一世也在这里建起了一座多边形的主塔，一道环绕土台主塔的围墙。亨利二世将主塔增高，并建了宽厚的护墙。

11世纪，英国国王征服者威廉一世率领军队将法国的迪南（Dinan）堡团团围住。巴约挂毯上的一幅画就是取材于此：土台四周是一条条壕沟，还有一道带木栅栏的围墙。在壕沟上，一座极为陡峭的天桥连接着土台高处和下面的院落。土台顶上有座木头小塔，上面的守护人正在投标枪。

外一些城堡里，甚至出现了平民与贵族　共同生活的混居院落。可能是在不同的年代里被风沙层层掩埋，因为没有进行挖掘考察，所以无法断定这演变的确切时间。

　　当时兴建土台城堡几乎到了异乎寻常的地步，以至于今天无法准确勾勒出这一过程，直至13世纪才渐渐平息。事实上，在那些至今依旧可以住人的土台城堡一旁，发现了许多与那个特殊年代有关的建筑。随后，它们遭到冷落，史书上也没任何有关的记载。然而今天能看到的土台并非都是建造的。近来进行挖掘的一些土台仅是一堆砖石而已，在一次战争后它们成了废墟。

诺曼底的阿尔克拉巴塔耶堡（Arques-la-Bataille）建于12世纪，它的带护墙主塔已成了废墟（上图为平面图，下图为正视图）。周围壕沟表明，它建在一个上世纪的古堡遗址上。它很快地环绕了一道石墙，墙角竖立的大部分是在14世纪建造的圆形小塔。

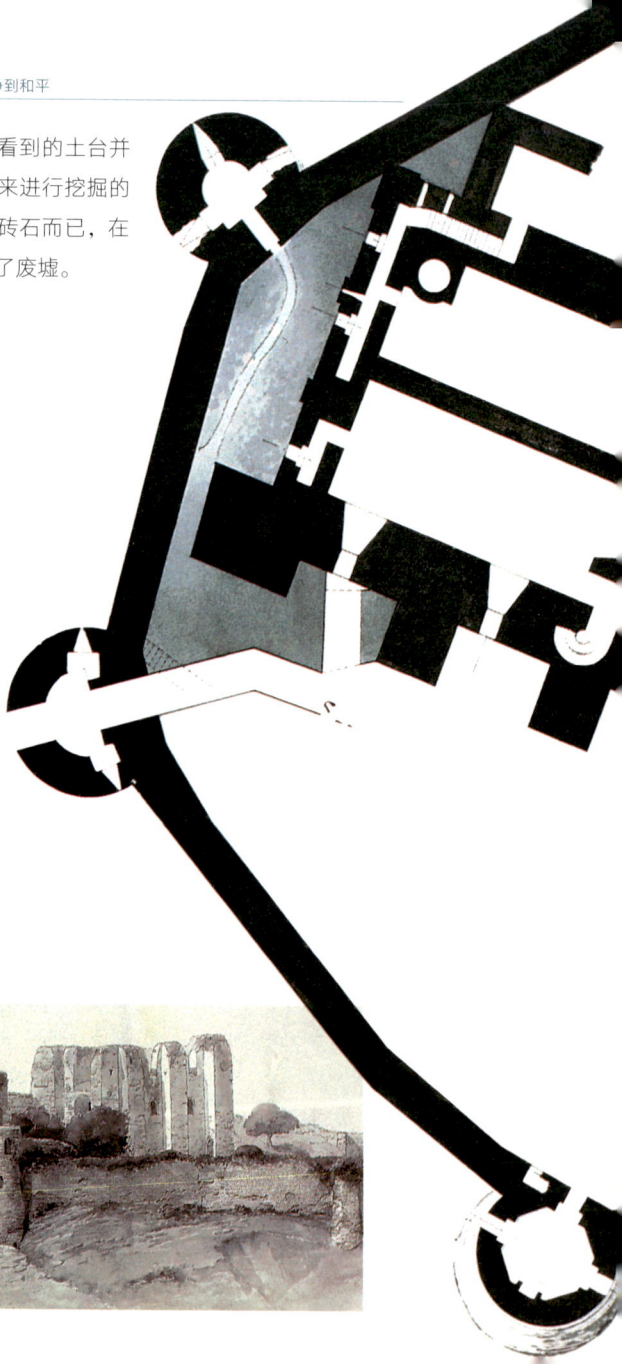

塔楼：统治权力的象征

作为城堡主要特性的土台，在文学作品和古文书中很快被塔楼取代，当然土台和塔楼能够共存。今天，这些城堡或许更应该称为"土台主塔"，而在中世纪它们则被称为"大塔"或"高塔"。更准确的似乎应是"主塔"，它明确地道出了这类建筑的象征性。

主塔变得如此重要，因为它为城堡领主与其周围环境建立了一种新的社会关系。"主塔""土台""院落"的不同之处在于，"土台"和"院落"通常是通过劳役而建造的。而自 11 世纪起的"主塔"，无论是木结构还是石头结构，它们的建造充分体现了封建社会的特点：城堡领主给这些木匠和水泥匠支付货币来作为报酬。在 11 世纪至 12 世纪期间，绝大部分的主塔既可防御，又可居住。安茹伯爵家族富尔克·内拉（Foulques Nerra）于 11 世纪初在朗热（Langeais）建造的主塔是最早的主塔之一，它是在具有加洛林王朝风格的建筑基础上改建而成的。如同杜埃 - 拉 - 方丹古堡一样，它被其祖上的对手布卢瓦伯爵填高后而成了主塔。

自 11 世纪下半叶，从诺曼底和瓦勒德卢瓦尔开始，出现许多带护墙的长方形主塔。旺多姆伯爵家族的

拉瓦尔丹主塔（上图）原本是座简单的长方形建筑，13 世纪被改建成带护墙的长方形主塔，四周竖起了不少圆形小塔。14 世纪下半叶，它又被加高，同时主塔上端还建造了带有朝下开放的堞眼的突廊。15 世纪中期，主塔前的旧房又被翻修一新。

主塔在欧洲的兴起

自 1067 年起，英国国王征服者威廉一世在伦敦建造了一座划时代的白色主塔。它是座宏伟的综合建筑，包括大厅、卧室与小教堂。它是威廉一世的首创吗？不！在该世纪初，威廉一世的父亲理查一世公爵在法国鲁昂建了一座同样类型的建筑。理查一世同父异母兄弟的妻子巴约伯爵夫人建造的伊夫里拉巴塔耶主塔的遗迹显然可以证实：自 11 世纪起，这类主塔已出现在欧洲大陆了，卢瓦尔省出现了一些同

样给人印象深刻的主塔，例如由安茹伯爵家族建造的洛什主塔或蒙巴宗主塔。这些最早出现的主塔充满活力，好几个楼层都有领主的宅室。所谓"罗曼式主塔"，无论是长方形，还是不多见的圆形，都用护墙表示高度。毫无疑问，12 世纪是这类主塔的黄金时期，不仅在法国和英国，而且在受诺曼文化影响的意大利，在日耳曼帝国的周边，甚至在后来受西方影响所及的中东，到处可看到这类主塔，它们成了伊斯兰主塔的标志，当然在传统上还是略有不同。下述主塔就可以证明：建于 12 世纪末

1060 年，觊觎英国王位的哈罗德根本没有料到诺曼底公爵威廉的野心（左页上图巴约挂毯的画描绘了当时他们的会晤场景）。威廉征服后，有步骤地将许多城堡改排成方格形，中间是长方形带护墙的石砌主塔。11 世纪的最后 30 年间，征服者威廉一世在英国建造的第一座主塔，就是伦敦白塔（旁图）。该塔既有防御功能，又有大厅、卧室和小教堂。这个居住型的主塔被涂上了白色，四周有高大的堡垒，它是英国王室在伦敦的重要象征。

在 11 世纪和 12 世纪，关于有护墙的居住主塔的起源曾引起很大争论。最近有人认为，洛什主塔（左页下图）建于 11 世纪上半叶，而许多人却认为它是 12 世纪的建筑。

至 13 世纪初的大马士革、布斯拉和谢扎尔等地的种种主塔，还有萨菲达和托尔托萨等地的法兰克式的塔。

不同式样的主塔

自该时期起出现了其他式样的主塔，例如，布卢瓦伯爵家族在费雷特瓦勒的圆形主塔，它不算高，建于 10 世纪后。11 世纪与 12 世纪，在同一公国里出现了其他圆形的主塔，例如在蒙杜布洛和蒙蒂勒。在圣索沃尔－昂皮赛的欧塞尔伯爵家族选择了椭圆形的主塔。

随着领主有能力支付巨款来建造主塔后，主塔的式样愈发讲究了。1130 年至 1150 年，法兰西国王在埃唐普造了一座四叶瓣状的主塔，孟福尔伯爵于 1137 年前在乌当造了一座有墙角塔的圆形主塔，尚帕涅家族的自由派亨利伯爵在普罗万古罗马古堡的遗址上建了一座由众多小塔围绕的奇特的八角形主塔。在该世纪的下半叶，内穆尔伯爵造了一座带墙角小塔的长方形主塔。同时，梅茨－勒马雷夏尔主塔也以同样的式样建造。这些例子无非说明了：建筑技术的进步；追求炫耀性的主塔形式。在其他地方也可看到这一现象，尤其在

在圆锥形土台上耸立着一座俯瞰四周围墙的长方形主塔（左图）。虽是 15 世纪的小型城堡，但至今还让人感到这高大巍峨的象征意义。

12 世纪下半叶，亨利伯爵在普罗万建造了恺撒主塔（下图），它形状奇异，呈八角形，四周有小侧塔。它原本是个监狱，大墙里有许多地牢，小侧塔高处的拱顶走廊可直接监视这里的动静。下图的八角形原先是个平台，塔楼直至 17 世纪才盖上。

拉芒什海峡彼岸的英国，具有同样象征性的主塔出现在人们眼前。英国的克利福德主塔与法国的埃唐普四叶瓣状主塔惟妙惟肖，英国的庞蒂弗拉克特主塔与法国乌当带侧堡的圆形主塔一模一样，在英国朗敦、科尼斯伯勒的护墙圆柱主塔与法国的莫蒂默、莫勒帕湖边的主塔成了"孪生兄弟"，英国的奥迪厄姆主塔简直是法国日索尔护墙八角形主塔的翻版。

腓力式主塔

腓力二世的登基不仅使主塔作用有了重大变化，而且它的式样也有重大的改变。作为皇家风范的主塔应首推卢浮宫主塔，它建于 1190 年，是耸立在圆锥台上的一个朴实无华的圆柱体。虽然在建筑上毫无雕饰可言，但在整个法兰西旧制度期间，法兰西王朝所有封地全属该主塔管辖。这座主塔成了整个封建等级制度中的最高等级。除了它在制度上的作用，由于腓力二世的势力，卢浮宫

无论是法国还是英国，12 世纪下半叶是个伟大年代，主塔的形状有多种创新。科尼斯伯勒堡主塔（上图）在 1180 年由金雀花王朝的国王的异父同母兄弟阿默兰所建，是座圆形主塔，四周有 6 堵气势宏伟的梯形护墙直达主塔顶。在此前不久，英国国王建起了同样的护墙围绕着日索尔堡。他还建造了有三道围墙的奥福德主塔，但质量远远逊色于科尼斯伯勒堡主塔。

自 1190 年起，腓力二世建造的那些"大塔楼"，肯定是当时城堡建筑上的一桩大事；并不指设计，而是指它的真正的标准化概念。它使高耸在城堡上端的塔楼外形——无论在功能上，还是在气势上——都有了统一标准，证明了这位独特的征服者无所不在的影响力。

主塔成了主塔建造最规范的参照模式。于是，卢浮宫主塔很快被各地皇家城堡竞相仿效，例如布尔日、杜尔当、拉昂、利勒博讷、里永、鲁昂、阿夫尔河畔的韦尔讷伊、韦尔农、约讷河畔新城等地。腓力二世利用手中权力，迫使许多已有主塔的城堡接受这一模式，圆形主塔的影响是如此的强大，盖过了以前的封建象征，同样的例子在日索尔和希农也能看到。13 世纪上半叶，绝大多数照搬这一模式的领主有时并不满足，毫不犹豫地超过它。1230 年，性格傲慢的日耳曼皇帝的女婿昂盖朗三世在库西建造了一座主塔，比传统的主塔大一倍，至 1917 年毁于德军的炮火以前，它是欧洲最大的主塔。反过来说，这一毁坏尽管有其消极面，但它表明了这类富丽堂皇的建筑物所具有的影响力，并且这一影响一直持续到中世纪以后的岁月。

这一模式大大超出了法兰西王国的范围，英国的城堡建筑大量抄袭了这一样式，例如彭布罗克主塔、巴纳德堡和博斯韦尔堡。在东欧的日耳曼国家里，来自腓力二世灵感的城堡模式同样受到了欢迎，例如贝西希海姆、赖兴贝格、阿巴赫或诺伊恩堡几乎全是这一模式的翻版。即便是日耳曼影响无法企及的地方，例如捷克、匈牙利和波兰，同样能看到这一模式。不过在东欧，主塔的作用有了异化，成了钟楼。

卢浮宫主塔建在长方形围墙内（左页下图），是腓力二世系列风格的第一座城堡。随后，这些主塔竖立在围墙角落，如同杜尔当堡一样（左页上图），里面有壕沟相隔。塔顶上通常饰有木砌体和圆锥顶，每层楼都有相同的尖形拱肋，正如鲁昂主塔的剖面图上所见（右上图）。内楼有两个挂吊桥的出入口，一个朝内部，另一个朝广场外。还有一些壁炉、井、厕所和一个面包炉，这些设施使这里宜于居住。但居住在这里的更像是驻守人员，甚至是囚犯，并非是当地的驻扎官。

库西主塔是欧洲无可争辩的最大主塔，1917年被德国军队所毁。它从腓力式主塔的建筑受到启发。如同那些腓力式主塔一样，库西主塔建在围墙角落，内部一条壕沟将它与城堡分开。但它那31米的直径与54米的高度，使它成为一个傲人的宏伟建筑。这气派与建造库西主塔的昂盖朗三世的雄心壮志完全一致，他于1230年建造了它。主塔顶端饰有尖顶拱的齿状雉堞及其承受木廊的托架围墙，使这主塔非同一般。左页照片和收藏在法国国家博物馆的模型（本页上图）可以清楚地看到这一特色。该塔共分四层，每层都有尖形拱肋，最高的两层是如此的高，但没什么真正用途；上面是个平台。至于其他围墙，并没为这座宏伟主塔起到什么重要作用（本页下图为模型）。

当然，腓力式主塔不同于 11 世纪的可居住主塔，它没有壁炉、厕所和水井等舒适的起居设施。它只是象征性建筑，表示王朝的权势，甚至领主的权势。

钟楼

在日耳曼影响所涉之处，主塔作用通常严格限制在象征意义上，除了哨楼功能外，没有其他生活用途。从波希米亚山到孚日山，沿海西丘陵矗立的阿尔萨斯和日耳曼的"钟楼"就是这类主塔。而且，这种作用单一的主塔并不局限在日耳曼影响的地方，在其他地方都有，例如 11 世纪和 12 世纪，在利穆赞（Limousin）、朗格多克和下普罗旺斯。通常是些长方形或圆形的主塔，占地面积小于 8 平方米，每层楼的小厅空荡荡。封建体制等级往往取决于面积的大小。

主塔的变化

13 世纪、14 世纪和 15 世纪，无论在构图还是在规划中，原先与主塔有关的各种趋势依旧存在。最常见的是住宅型主塔，将居住功能与其他作用融为一体。当社会危机加剧时，这种趋势尤为明显。

14 世纪中期，当英法百年战争因地区间争执持续不断而孕育冲突时，居住型的主塔却进入了真正的兴盛期。1361 年开始建造的万塞讷皇家主塔是新生代城堡最壮观的一个模式，此

后产生了布列塔尼的埃尔旺和乌东主塔、普瓦图的拉罗歇尔主塔和安省的特雷武主塔，以及诺曼底的圣索沃尔－勒维孔特主塔，等等。其式样丰富，有的甚为讲究，从简单圆形一直到八角形，最常见的是带墙角塔的长方形主塔，在 15 世纪，它成了中等规模住宅型主塔的原型。适合当时流行的设计，在四周角落有附属小塔。自 12 世纪，内穆尔或梅茨－勒马雷夏尔也有了带墙角塔的长方形主塔。13 世纪和 14 世纪，这类主塔一直闻名遐迩，例如科比耶尔（Corbières）

日耳曼城堡内通常有些无人居住的狭长塔楼，被称为"钟楼"。习惯是如此根深蒂固，以至于 13 世纪，在阿尔萨斯（Alsace）的拉特桑沃森堡（上图）增建了一座圆形的、可居住的主塔。这些钟楼通常是有防御意义的突角形，1255 年至 1265 年在阿尔萨斯建造的奥尔滕贝格堡塔楼就是如此（左图）。一道带箭垛和木廊的多角形护墙紧围着它的底部。

的阿尔克主塔和巴黎的圣殿主塔，在 15 世纪成了中等主塔的典型。对大多数中等地位的领主来说，这是他们的宅第，贝里（Berry）的莎尔扎伊主塔就是如此。在样式方面，长方形主塔和侧堡重叠在一起了。在其他地方也可以看到这同样的变化，同样的原因得到同样的结果，人们尤其会想到的是苏格兰或爱尔兰的主塔。

门：安全的象征

　　在许多时候，城堡的门是最重要的防御地方，许多规模不大的城堡，门还额外担负起了主塔的作用，这情况并不少见。从最远的年代看，11 世纪在普莱西格里穆和 12

　　自 1360 年起，查理五世（Charles V）在万塞讷堡内建造了一座长方形木塔（上图），四周有小塔。木塔中央有皇家内室（在第二层），周围是单间和祈祷室。楼上也是如此，有间王子的内室。其他守护人和仆人居住的楼面也是同样安排。

世纪在瑟农什就有此类情况，13世纪中期布里孔特罗贝尔城堡有两座同主塔一样的长方形门塔。有些城堡的门还是重要的居住场所，12世纪末克雷皮－昂瓦卢瓦就有这样的城堡，在14世纪下半叶，这种现象在布列塔尼或公国一类城堡中尤为显著，无论是公爵城堡还是相似阶层的城堡都有这类门塔。如维特雷或苏斯西尼奥及布列塔尼地区蒙托邦均是如此。

门有时极易受到攻击，建筑师就在门上建了座小教堂，并置有祈神守护，于是门便在圣徒的保护之下了。罗曼时期，多尔多涅省的蒙费朗－迪佩里戈尔堡和佩斯蒂拉克堡就是这样。后来，贝里公爵受了这影响，14世纪末，他在耶夫尔河畔默安堡中就用了这一模式。

弗兰德伯爵家族（Flandres）阿尔萨斯的腓力（Philippe d'Alsace）在12世纪后期完成了根特堡的建造。护墙上有守望台，这居住性的主塔是在填高一个11世纪大厅后建成的。在围墙出入处的上方建了座小教堂，墙边有两座多角小塔，把宗教守护作用和防御作用结合在一起。

从象征意义上看，在门口建造小教堂或住宅，其效果是一样的。因为，在一个代表着保护神威力的宗教建筑的地方，领主住宅的存在完全有同样的意义。在门的上方，或多或少地体现了军事与世俗的力量，不仅给大门带来安全，同时也带来了庄严与高贵的氛围。

门除了有宗教保护作用外，同时它历来是领主喜欢炫耀建筑华美、防御坚利的好场所。13世纪末，可以看到到处盛行防御设施复杂的大门，如美男子腓力（Philippe le Bel）时期，普罗万堡、蒂耶里堡、卡尔卡松堡及艾格莫尔特堡。

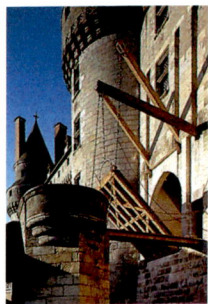

门既有防御作用，又有象征与装饰作用。14世纪末，在维特雷（左上图）如同在朗热（上图）由路易十一（Louis XI）建造的城堡里，在装饰精致的突堞下有一架吊桥。

具有军事作用的侧塔、箭垛、木廊、突廊

侧塔（les tours de flanquement）在 12 世纪和 13 世纪的建筑术语中被称为"tournelles"，它是具有象征意义的另一组成部分。

与土台或主塔不同，侧塔的价值并不在于它们的存在，而是在于数量或位置。许多古代文献中这样描述侧塔："数量众多，其高度远远超过其他建筑物……"12 世纪下半叶它才在中世纪的堡垒中出现，后来在皇家建筑中得以迅速普及。首先是方形，后来是圆形或半圆形。

由侧塔数量来表达军事实力的这一特性有了变化，出现了侧塔

有时，因在通道上有领主的住房，门就显得格外重要。维特雷（左页上图）是这样，苏斯西尼奥（旁图）也是这样。布列塔尼公爵让四世在该地造了一座城堡，它是一幢长方形楼房，入口处两旁有两座门塔。偌大的一幢建筑，楼上、楼下都有厨房、大厅和公爵的内房，朝院子的门却被远远地安排在一旁。

14 世纪末，贝里公爵将耶夫尔河畔默安的腓力式城堡（左图）改成了城堡建筑中的真正瑰宝，侧塔顶端饰有花边状的石饰，烟囱林立，图画精美的突廊围绕着护墙和主塔，墙上凿有哥特风格的网状窗棂。在门前有座凸形的建筑物，上面盖有彩色玻璃的小尖顶与三角楣的小教堂。

西班牙城堡的装饰丰富多彩，城堡的顶饰、雉堞、突廊和哨楼充分显示了这一点，安普迪亚堡（左图）就是这样的一个例子。

的其他特性，这些特性与其说表现在封建制度上，倒不如说是表现在军事实战上，甚至是专业上。就拿城堡墙上的箭垛来说，它的出现就意味着军事实力的显赫。领主为了炫耀自己，有时将箭垛凿在弓箭无法企及的高度。自 13 世纪起，箭垛成了城堡的重要标记，不管其效用如何。

城堡顶上的防御也是个表现实力的机会：木廊、悬突的木胸墙，还有托架上的石突廊都是城堡实力的象征性语言。毫无疑问，这些设施确实有现实的防御功能，但也越来越起到明显的炫耀封建等级的作用。

自 14 世纪起，突廊成了城堡装饰的一部分，例如布列塔尼的孔堡（Combourg，旁图）。

九座浮现在树林的塔楼使万塞讷堡显得气势雄伟（下图），城堡的设计是让每座在宏伟的皇家塔楼俯视下的塔楼，都由与查理五世最亲近的朝臣居住，在它的防御设想以外，更能体现封建体制的观念。

加 尼埃必须建造蒙塔日（Montargis）的所有小塔，每座小塔的费用为 40 镑、墙厚 1.68 米、直径 2.4 米，小塔有两层楼、一道胸墙和一道带雉堞的围墙。两座小塔都有门，门前竖狼牙闸门，并凿好射击孔。每座塔的收费为 100 镑，用来支付所需的石灰和木料。

腓力二世的施工说明书

第二章
式样与体系

建筑式样的完美一贯是设计者的夙愿。这些几何图形是神奇完美的反映，当然它们还得在现实生活中做检验……

城堡的式样历来是城堡建筑师的表达象征，简洁的土台是城堡的一个特性，垂直的主堡是另一特性。在 11 世纪与 12 世纪期间，城堡的式样足以满足城堡建筑师的炫耀需求。

12 世纪下半叶是个转变期，城堡结构越来越紧凑、简明、几何图形化，技术的进步使城堡建筑师能依据自己的能力而造出不同式样的城堡。这个变化与当时封建社会的财政、经济的变化同时出现，事实上已经抛弃了传统的土堆城堡的方法，开始用砌石技术。在主塔的建造上可以看到这些效果，它们一旦渗透了城堡的设计理念中，将远远超越城堡建设的本身。

城堡建筑师与地位显赫的国王对城堡式样在观念上的掌握，大概在 12 世纪下半叶。可以肯定，这是因为吸收了十字军征战时见到的地中海沿岸城市或处于城市中的古代建筑的风格。然而，这一同化只有在一种政治与社会结构设立后才能发生，而这社会结构能再创类似罗马帝国或拜占庭帝国的条件在于：其一，集权化——不管它是金雀花王朝还是卡佩王朝；其二，通过有效的税制来调动现金；其三，越来越专业化的建筑技术；其四，对过去的成就再三反思。

这些条件是转变的关键，在这场变化中出现了新的城堡和围墙。

腓力二世的影响与作用：对称的石围墙

腓力二世擅长将这些认识具体化，但还得靠专业建造城堡的工匠的齐心协力。标准的腓力式城堡是由长方形的围墙和四周有规则地矗立的侧塔组成。当然，地势不同，式样也不同。例如卢浮宫是简朴的方形主塔，而蒙莱里镇的城堡是五角形。

两位人物站在门塔高处，可能是兰斯洛特（Lancelot）和圭尼维尔。他们从具有罗曼风格的拱廊窗台上审视着四周。其他的塔楼由于带着雉堞，便显得像军事设施一样。门上的那个门闩透露出一种相当复杂的内心状态，它与城堡有关呢，还是与那两人有关呢？

工匠们忙着搬运石块和砌石，国王在招呼那个建筑师。在这 15 世纪的小塔楼上（左页图），建筑师站在多角形小塔上对领主脱帽致意，绘画人希望由此描绘出建筑师在建筑中的重要性。

13 世纪末威尔士被征服后，英国国王对城堡的建筑尤其热衷。在这期间，爱德华三世参照了腓力式风格的建筑。但令人难以置信的是，与其参照模式相比，他们造的城堡更为精致。尤其在正门的广场得到了充分体现，如在博马里斯（上图）和哈勒赫（下图），从而被称为"门塔城堡"。

亚历山大的故事是中世纪插画家最热衷描绘的故事之一。在这件 1470 年的画稿中，这座圆形主塔周围矗立着护墙，墙角建有规模不大的哨楼，这式样充分表现了当时封建建筑的趋向。

在其他国家也出现了这样的变化。13 世纪初，与法国在历史建筑物文化观念上最相近的英国，给这一变化提供了最好场所。此后，爱德华三世（Édouard III）在威尔士建造了一大批中规中矩、富丽堂皇的城堡。包括康韦（Conway）、哈勒赫（Harlech）、博马里斯（Beaumaris）、弗林特（Flint）等地，尤其在弗林特，独立的主塔完全参照了腓力式城堡的模式。

意大利和西班牙同样出现了这一变化。即使在一些受日耳曼帝国统治的地区，它们与拉丁文化相隔甚远，但腓力二世的城堡建筑小组引进的城堡式样依然对当地的建筑产生了影响，一直传到更远的地方，如波兰、罗马尼亚、匈牙利和捷克。在这些国家里，还能看到至今仍被认为

"受法兰西影响"的城堡建筑。

建筑师和几何图形

这一变化除了上述的直接结果外，也是为了满足不断出现的新需求，建筑师的专业分工越细，造出的城堡就越讲究。虽然建筑师对有规则的侧塔的基本概念极为熟悉，但对式样的格式化还是起了决定性作用，于是出现了对称多边形的城堡式样，蒙特堡（Castel del Monte）就是这样一个典型，它是神圣罗马帝国皇帝腓特烈二世于 1230 年在意大利的普利亚建造的。完美的外形、八角形主塔，旁有八角形侧塔，共有八对，完全对称，地形优越。其象征意义不言而喻，完美的几何图形本身就构成了王室权势的特点，并没用命令来扩大其影响。然而，在西欧不少地方都在介绍类似的城堡，这几何图形的影响可见一斑。

这一变化还表现在等边三角形在城堡建造中的运用，例如圣路易在普瓦捷建造的矮城堡，或 1280 年在英国建造的卡拉弗罗克堡；正方形在城堡建设的运用也体现了这一变化，这一形式得到腓力二世的推崇；它还表现在对称多边形上，例如蒙特堡。但在阿尔萨斯的众多城堡建筑中也不乏其例，其中最好的应数埃圭斯海姆堡，还有在其他的建筑中，例如 14 世纪末贝里公爵建造的孔科雷索堡。圆形城堡的出现是这一变化的最高阶段，这完美的式样有着不同寻常的象征意义，这应归功于阿拉贡和马略卡岛的国王。还有贝利韦尔

（Bellver）堡，它巧妙地将圆形城堡与腓力式城堡（拥有独立主塔与对称侧塔）糅合在一起，在当时的西方建筑中，这还不多见。该城堡式样在14世纪初期初具规模。75年后，英国的昆伯勒出现了类似的式样。16世纪，旺代省的科默基耶堡也仿效了这一式样。

精神上的向往

涉及精确模式或精神向往，式样与构图是最有象征性的重要因素。对多角形甚至圆形的追求，只是说明了对完美的向往。天堂般的耶路撒冷就是这一代表，在细密画中它总是圆的。确实，由于地形的局限，

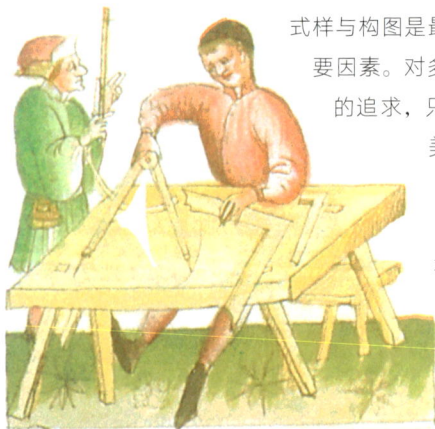

贝利韦尔堡是中世纪皇家建筑中的瑰宝之一。该城堡是海梅二世（Jaime II）于14世纪初在马略卡岛所建，他将腓力式风格的建筑（独立的主塔与对称的侧塔）与当时罕见的圆形结构合在一起。内部的院子极为完美，楼上、楼下的哥特式走廊可以通达堡内的大厅。

很少有城堡和围墙采用这样完美的式样。通过对草图、几何图和对称图的研究，人们发现，自12世纪下半叶起这一图形无处不在，它反映了整个社会的变化。

随着其他标准的兴起，这一象征性图形逐渐隐退了，但在1370年建成的万塞讷堡，它那规范的对称图形证明了对这完美式样的运用已到了何等地步。随着时光的流逝，它依旧代表着封建权力。

侧塔

既然大家一致认为，围墙必须是几何图形，那么关于城堡的其他部分，人们也做了同样的研究。首先是主塔，随后是侧塔或小塔。事实上，有两种表示权力的形式已远远超出了中世纪的年代，其一是圆形以及它的变异式样——半圆形

腓特烈二世皇帝1230年在普利亚建造的蒙特堡开创了一种新形式。这是一座狩猎用的住宅堡垒，城堡呈八角形，四周耸立着八座同样也是八角形的小塔。在城堡的内部，住房沿墙而筑，院子也呈八角形。这城堡形式简约，是马略卡岛国王的贝利韦尔堡，它体现了住宅建筑的理性设计：带拱顶的楼房环绕了一个露天院子。同一时期地中海所有的新建筑上都可以看到这一理念。

或马蹄式半圆形；其二是长方形，更准确地说是四边形，因此这样说时还包括正方形、梯形和其他类似图形。

除了这两种标准式样之外，还有其他式样：首先是规则的多角形（六角形、八角形，甚至十二角形）；其次是非规则的多角形，它有一个防御用的突角形；此外还有一些特殊的式样（如椭圆形）。与过去的说法截然不同，使用这种图形或那种图形只是反映城堡建筑师的本人想法，年代不同，地区不同，图形也有所不同。

小塔的不同式样

在所有式样中，最常用的无疑是长方形（四边形）。由于建造容易，古希腊堡垒建造中普遍使用它。但在整个西方世界，罗马文明和高卢—罗马文明却更喜欢采用圆形或半圆形。

然而在中世纪，那批最早用石块砌侧塔围墙的建筑师，开始转向建长方形塔楼了。在最古老的古堡中，1130 年建造的波特切斯特（Portchester）堡、1136 年建造的卡里斯布鲁克（Carisbrooke）堡、1140 年建造的英国舍伯恩（Sherborne）堡和 1130 年至 1160 年建起的日索尔塔楼，都可以说明人们采用这种方便的方法。

在西方罗马时代前就存在的圆形建筑一直是罗马堡垒的典

范。奇怪的是，在 12 世纪的最后若干年里，它才逐渐重新出现在中世纪堡垒建筑中。自 1190 年起，将它作为西欧的建筑原则予以确定的还是腓力二世，他的城堡建筑师们恢复了罗马王朝或拜占庭王朝有关城堡的老标准。在罗马帝国影响所及的地方，这样的塔楼到处可见。

精益求精的构图

同一年代更讲究的侧塔问世了。在 12 世纪最后 25 年里，多角形的塔楼得到金雀花王朝国王们的欢迎，不管是规则型的（如杜夫尔、栋夫龙），还是不规则的突角形（如日索尔）。同时，金雀花王朝的建筑师在对设计继续研究的同时，还创造出椭圆形的塔楼。13 世纪最初的

这种轴心图、圆形图和多角形图，总是建筑师和画家尝试表现的完美形式。

20 多年里，在帕尔特奈（Parthenay）、库德赖－萨尔帕特和杜夫尔都有这种椭圆形的塔楼。同时，霍亨斯陶芬的腓特烈二世在蒙特堡或在西西里岛的奥古斯塔（Augusta）堡建起了多角形的侧塔。

1150 年至 1250 年，西方世界在建筑研究上进入了成熟期。但这一研究仅局限于人口稠密的城镇，在他们征服的近东国家里，这一研究却进展缓慢。令人感兴趣的变化是，在这些受希腊－罗马式传统影响的地方，圆形侧塔居然在 11 世纪至 13 世纪被他们抛弃，取代的竟然是简单的长方形侧塔。事实上，阿拉伯贵族在 9 世纪就会建造这圆形侧塔了。这些国家不得不从西方引进新的式样来重建新城堡，真可称"返回源头"了！全亏了腓力二世的规定，圆形侧塔才成了西方的首选。如果当时有人做统计的话，这种式样可能占绝大多数。但这并没妨碍建筑师偶尔采用一些古老模式，主要用

11 世纪末，金雀花王朝特别重视城堡形式的研究。1205 年前建的椭圆形的洛什堡塔楼（图中）是个极好的例子。其目的无疑是让塔楼的墙面较少呈现，不易让石弹击中，但实际效果并不好，因为在突角形的工事角落里的箭垛特别容易受到攻击。

在中世纪的城堡建筑中，城堡式样有很大的作用。建筑师经常用实用标准尤其是防御标准对其研究做解释。但12世纪中期建造的埃唐普（Étampes，左图），由四个半圆锥体合成的四叶瓣状组成，或许是为了建造最好的侧塔，它取消了长方形固有的死角。这一类建筑，人们并不在意内部空间的华丽建筑和圆形在观念上的力量。甚至在一个纯粹是军事的建筑里，例如卡尔卡松堡（右图），浮雕与法圈的突角形工事的结合，在设计上显然极为重视防御功能，但这样的突角形工事并无实效。不过在建筑上它带来的冲击是不言而喻的，可以令人感到震撼。

由维奥莱·勒·杜克设计的卡尔卡松堡的纳尔博内斯门塔，是 1280 年最具魅力的建筑之一（左图）。无论是在空间图形上还是在技术上，都体现了全新面貌的皇家建筑。

在较为复杂的图形上。13 世纪末在建造法兰西皇家堡垒时，同英国一样，他们再次将多角形当作时兴式样，例如卡那封和拉弗尔；或用更尖峭的式样，如弧形的卡尔卡松。

标准塔楼：
是终结，还是过渡？

　　侧塔或小塔变化到最后成了标准塔楼，意大利文为"torriones"。塔楼为"U"形，墙厚约5米，这些侧塔在15世纪发展迅速。有时直接建在13世纪的古堡遗址上，有时（应说是经常）建在平原上。在整个15世纪，这些庞大的建筑物是封建社会演变的必然结果，是建筑体系的最高顶点，也是一种技术的集中表现。然后演变成16世纪初在意大利或可能同时在法国兴起的堡垒。

　　如同腓力式塔楼一样，不管是国王建造还是布列塔尼公爵建造，是勃艮弟公爵建造还是城镇建造，这些15世纪的标准侧塔在堡垒技术发展中，占据了具有决定意义的一部分。

　　这些标准塔楼，无论是厚实还是

　　叙利亚索恩堡建于12世纪，是中东最早的圆形塔楼之一（上图）。

　　昂热(Angers)堡建于12世纪30年代（中图），是圣路易国王所建。其建筑之宏伟，气势之磅礴，能与库西堡媲美。虽然没有主塔，但有无与伦比的一系列圆塔，每座塔直径约18米，各自相距30米，城墙上凿有大量箭垛。尚（Champs）门旁有两座塔楼，弧形突廊将它们相连。

低矮，都有一样低矮厚实的护墙位于两侧，它们是封建体制与技术条件之间的过渡性产物。在封建体制中始终存在"技术性"与"炫耀性"哪个为主的问题，而在技术条件中，仍然以技术考虑为重。

箭垛：一种防御作用……

　　自12世纪下半叶起，为了使用绳索射击器、弓箭和弩炮，塔楼和护墙被凿了不少孔洞。它们绝大多数是些简单的凿在墙上的横洞。根据箭垛的斜面不同，洞的长短都不一样。也就是说，洞的式样取决于可不可以朝下射箭。

　　且不说箭垛的防御功能，它们是城堡象征的重要组成部分。读了君主们针对建筑者设计建造凿箭垛或箭眼的禁令，就足以明白炫耀箭垛这一事实足以体现领主的社会地位。从这观点看，腓力式塔楼是个特别的模式，并不是说以前的

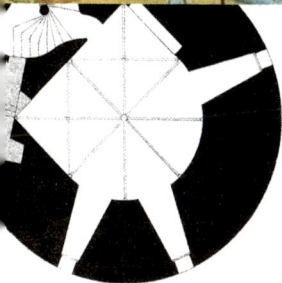

火器出现于 14 世纪中期，其发展极为缓慢。自 14 世纪起，箭垛有了改进，凿了不少可以用中口径火炮的射击孔，如同这图画中的围城所示（旁图）。14 世纪开始的 30 年，出现了扛在肩上的火器。建于 14 世纪 60 年代的朗比尔（Rambures，中图）堡充分显示，不仅射击设计上有变化，而且在经受圆弹的攻击上也有重大改善，它由六座粗矮的圆形塔所组成，厚厚的城墙相互倚靠。克利松（Clisson）设计的城堡体现了这场变化的最后结果（左页图）。在建于 13 世纪至 14 世纪的城堡前，那些庞大的标准塔楼建于 15 世纪至 16 世纪，塔楼之所以矮小是为了躲避敌人的射击，厚墙（通常超过 5 米）的小缺口专门用轻武器，重武器架在平台上。

堡垒没凿箭垛，而是指这些在不同高度和不同间距有箭垛的城堡和护墙，它们最终成了所有建筑的明确参照物，很快得到推广，当然这离不开法国王朝的扩张政策和对海外的影响。

也有威慑与装饰的作用……

威慑作用显而易见，当城堡遭到围攻时，人手不足，不可能在每个射击孔后都有弓箭手。城墙上的箭垛无非吓唬来犯者。因没人敢肯定，在围攻时黑乎乎的垂直孔洞后究竟是否有人把守，尤其是某些在高处的箭垛完全是起威慑作用的。

城堡的象征性同样可以由那些精美的图形来体现，这些图形往往为了实用的需求而制作。弓箭手很难使用那些简单的射击孔，因为缺乏瞄准点，无法朝下射箭。许多建筑师尤其是 12 世纪最后 25 年的英国城堡建筑师，努力设法改善拉弓射箭的条件。在规定拓宽孔洞下端的同时，还将那些横洞的瞄准点改建到与弓箭手的眼睛同一高度。于是，马镫形箭孔（Les

12 世纪末，在所有的城堡上都同样可以看到箭垛，它被斜面拓宽窗洞连在一起（上图是 13 世纪的法莱斯堡主塔）。为了方便射击，人们精心建造了十字形横箭垛，以及下端被拓宽的马镫形箭孔，粗尾十字形箭垛成了城堡装饰和象征的一部分［13 世纪初的于绍堡就是个例子（右页上图）］。有时，箭垛纯粹起威慑作用，没实用价值。1250 年的纳雍克堡的箭垛竟然长达 6 米（右页图）！

archères à étrier）问世了，该孔洞下端扩成长短不一的三角形或长方形，这更容易对付冲到城堡墙跟前的进攻者。这类箭垛在法国大量涌现，尤其在卢瓦地区的南部，此外，这一做法也"出口"到了中东被征服的国家。而且还发明了横向十字架轴箭垛（Les archères à croisillon horizontal），以便借助最好的角度来掩护自己，以及监视对手的进攻。

　　英国的堡垒都非常喜欢采用这类技术，至今在法国的吉耶讷地区（Guyenne）还存留着这样的堡垒。以至于在 1250 年至 1350 年，发展成纯粹的几何形和装饰性的孔洞，它们

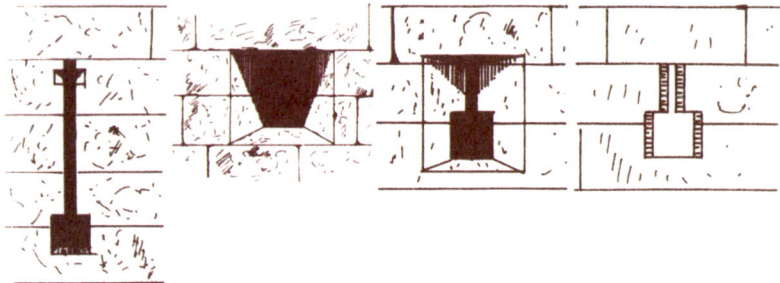

被称为"粗尾十字架"。这些是在十字架支架上的三角形的马镫形箭垛，有横向的，也有纵向的。

这种形状的孔洞既有宗教象征意义，又有防御功能，这一混合使其意义更加重大。令人感到奇怪的是，一个世纪之后，这种英国式的图形竟然还重现在法国普罗旺斯的皇家建筑上。

从箭垛到射击孔

1400 年起，一些箭垛逐渐变成了"枪眼"，也就是说，在这些箭垛后，人们开始用起了火器。与此同时，其外部图形也出现了变化。

显然这是出于实用需要，火器的式样日益增多，有携带式也有半携带式，还有各种各样的火枪、14 世纪

自 1400 年起，为了用携带式的中口径火器，射击孔发生了变化。最初是孔的下端开了道长方形或

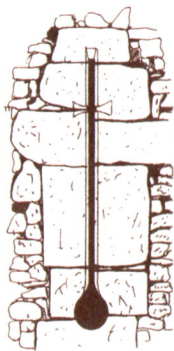

圆形口子，这样可以用火枪，也可以用弩箭。在 15 世纪的最后 25 年里，"法兰西射击孔"有了发展，可躲在没有装饰的墙内使用，可灵活射击，不损坏城墙（左图和上图）。

和 15 世纪的火炮或长炮。于是在垂直的箭垛下添了圆洞，便于这些火器进出自如，为了使用反后坐力的火器，还必须在斜洞里配上瞄准点，并给守护人留个藏身处。自 15 世纪中期起，为了增强侧塔的防御能力，射击孔缩进到墙内，并朝外拓了斜面，人们将此称为"法兰西射击孔"（Canonnière à la française）。

如同箭垛一样，功能上的演变带来了图形上的象征变化。在这方面有众多记载，用得最多的是锁式简易圆形孔洞，其他更具装饰意义的是十字轴横洞、粗

整个科卡（Coca）堡是黄砖砌起的（上图），建于 15 世纪末。它是典型的"西班牙射击孔"。火器可架在十字形洞上使用。

尾十字架孔洞，现在是底部为圆形的孔洞。

　　"法兰西射击孔"还带来了其他的异化图形，在15世纪和16世纪期间，墙外的圆洞丰富多彩，有模仿狮子嘴巴、人的嘴唇的，或者是几何图形和不规则图形，等等。

顶端围墙

　　任何建筑物近处的安全同样要侧堡来护卫，从侧堡顶端朝城堡的墙根处俯射。任何堡垒的周围都有这类侧堡作为防御设施。最先是城堡顶端的突出的木头结构堞道，地板上凿有箭垛，这就是突廊。直至15世纪，在主塔的顶端都有这种突廊，至今还能看到那个时代留下的突廊，例如拉莫特－弗伊堡和屈朗（Culan）堡。这个防御设施是如此重要，以至它逐渐变成了塔楼的统一模式。腓力式城堡用上了这一结构。但随着演变，木头结构建筑逐渐被砖石结构建筑所取代。自12世纪中期起，绝大多数木突廊被倚在护墙上的石突廊所淘汰，例如"狮心王理查"在1190年至1200年建造的"坚固城堡"就是这样一个例子，其在该地建造了不少矗立在砖石护墙上的突堞，前面有法圈装饰。这些防御性的突堞与整个建筑长久地浑然一体，只要看一下建于14世纪初的阿维尼翁的教皇教堂（Le

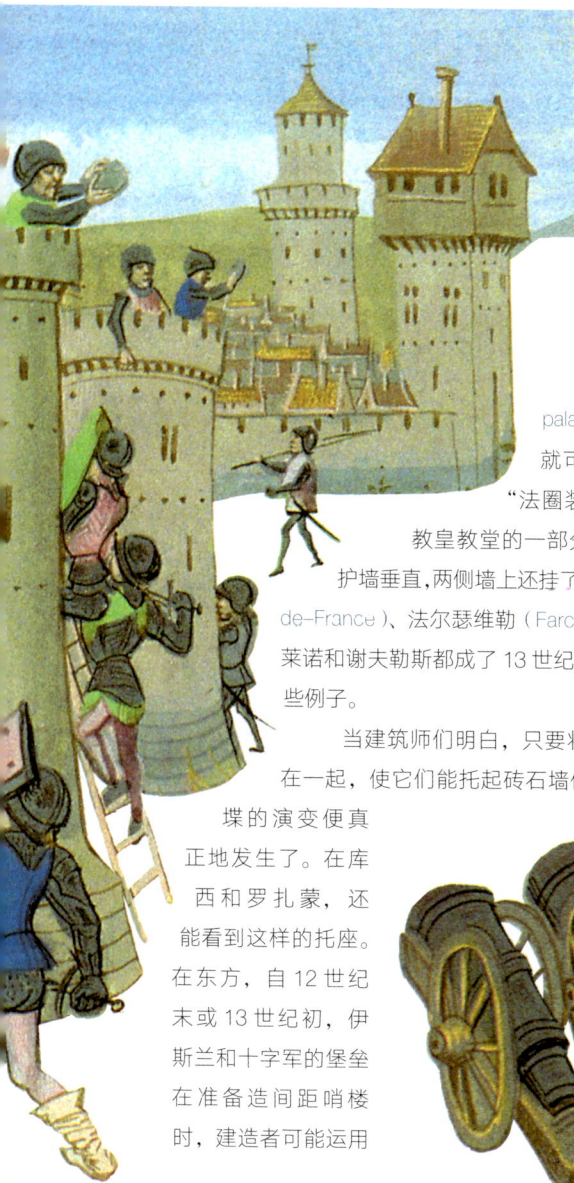

12 世纪起，石头托架上或砖石大梁上的木突廊对护墙与主塔的保护起了极大作用（左图）。

堡垒用木突廊，也用石头托架上的突廊。这幅 15 世纪的绘画显示出，当火炮瞄准围墙时，在围墙内这两种方法都用。

palais des Papes d'Avignon）就可以明白，这些被称为"法圈装饰上的突堞"已成了教皇教堂的一部分，法圈装饰更衬托出护墙垂直，两侧墙上还挂了些大槌。法兰西岛（Île-de-France）、法尔瑟维勒（Farcheville）、拉格兰奇－布莱诺和谢夫勒斯都成了 13 世纪采用这一技术的另外一些例子。

当建筑师们明白，只要将承载木廊的托座集中在一起，使它们能托起砖石墙体的突堞时，突廊朝突堞的演变便真正地发生了。在库西和罗扎蒙，还能看到这样的托座。在东方，自 12 世纪末或 13 世纪初，伊斯兰和十字军的堡垒在准备造间距哨楼时，建造者可能运用

了这种方法，例如克拉克骑士堡和玛加博。只是在 14 世纪后半期，它才真正成了统一的模式。自此后，石突堞成了围墙或城堡建筑不可分离的一部分。

从实用到装饰

石突堞迅速普及，人们开始用绘画与雕刻来装扮它。对建筑物来说，主塔顶饰和护墙是具有炫耀意义的装饰性的"王冠"，对建筑者来说，它也是种颂扬。出于杀敌需要，托座的空隙处用来投掷各种抛射武器（尤其是石灰等），并用来发射箭矢。尽管如此，建筑师还是对这些地方做了精心打扮，在托座过梁上，他们雕刻了弧形和三叶形雕像，绘上了精美的翅托侧面图。以至于在 14 世纪下半叶，突堞既是不可缺少的军事设施，又起到了装饰作用，这两个特点交融，成了当时城堡建筑师的标记。

在 14 世纪下半叶和 15 世纪，防御设施上的雕刻及其精心绘制的图画，是城堡建筑的重要组成部分。也就是说，在建筑物优雅的外表后面，显露了一种军事意志。而突堞顶饰的运用及象征力，其影响也远远超出了中世

1335 年至 1370 年，阿维尼翁的教皇教堂（左图）得到了扩建，但其主要建筑是在 1352 年前本笃十二世（Benoît XII）和克雷芒六世（Clément VI）时期建成。整个建筑四周耸立着长方形的侧塔，护墙上的突堞或弧形拱上的突堞使整个建筑显得充满活力，这些突堞成了该城堡的特点。

纪。在当时的年代里，它意味着领主的社会地位。只要看一下 17 世纪初建于布列塔尼的凯古纳黛阿斯，或者夏朗德省（Charente）的萨斯乃勒堡，便足以明白其中的道理。

14 世纪最后 30 年，以 13 世纪腓力式风格的建筑为基础，安茹公爵家族建起了索米尔（Saumur）堡。它成了 14 世纪王宫的主要建筑。在雉堞与竖着烟囱的屋顶下面，突堞顶饰在城堡建筑中起了重大作用。

12世纪至13世纪，耶路撒冷的医院骑士团在叙利亚建造了这座克拉克骑士堡，它是座令人产生遐想的堡垒。在12世纪下半叶，圣殿骑士团建起了中央围墙。在13世纪开始的25年里，他们沿着中心围墙建造了巨大的边坡，同时又添了道外围墙，在周围相隔一定距离建立了若干圆形哨楼。1271年，在一场激烈的围城战后，拜巴尔斯一世苏丹攻占了这一城堡，他在该堡的四周又建起了长方形塔楼，堡垒顶端被改建成连在一起的突堞。

砌石块还是涂泥灰？

今天，绝大多数城堡都以现代的面貌呈现于世。对公众来说，城堡上的裸石似乎是远古时代的证明。然而事实上，过去并非如此，**矗立**在眼前的那些粗糙石块在当时被一层泥灰覆盖，只露出门窗框架。现代的修饰完全掩盖了中世纪城堡的真实面目，只要看一座小城堡就可以领悟到当年中世纪城堡的景况，例如被涂白石灰的拉莫特－弗伊堡。由此，在莱茵河彼岸的德国，在那些文化传统中鄙视裸石的国家，不管是德国、瑞士还是那些东方国家，还留存不少诸如此类的建筑，可以从中看到中世纪城堡当年的风姿。其外表全抹上泥灰，呈现出白色、赭色或玫瑰色，其色彩并不像城里住宅那样醒目。在中世纪的肖像画里也可以找到这一现象。在中世纪，那些经过好几代人留传下来的质量蹩脚的裸石，尽管说它是真实的，但在中世纪是不会被人们接受的。

然而，石头砌合术有自己的语言与影响力，它的存在使这些泥灰变得毫无用途。石块砌得好坏意味着建筑师本领的好坏，长期以来（可以说自古代起），绝大多数堡垒是用大石块堆起的，甚至是硕大无比的

海登赖希施泰因（Heidenreichstein，下图）钟塔保留了华丽的木突廊，它表明在日耳曼文化影响的地区这类塔楼的长盛不衰。

巨石，根据邻近石块的大小，建筑师画好每块多边形的石块，毫不犹豫地将它们砌合在一起以显露工艺的高超。

石块大小与浮雕

在中世纪，关于如何使用裸石，自 12 世纪起有两种倾向。一种是有规律地将石块砌在一起，它由细心切削的长方形石块组成，有规则地置放。在 12 世纪末的皇家城堡的建造中，这种方法甚为明显，不管是腓力式城堡，还是金雀花王朝式的城堡。在外表上，这样的石块不要有任何人工痕迹。在中世纪，有钱的君主最喜欢用这一方法，他们花钱请工匠切削这些石块，并一般从较远的采石场购进这些石料。

爱好裸石是当前的倾向。然而在中世纪，人们并不怎么喜欢裸石，除了雕凿精美、巧妙砌合的优质石块。碎石必须拌上泥浆；尽管法国人已不再用这一方法，但在莱茵河彼岸的许多城堡里还能看到这样的遗迹。这样的例子不胜枚举，例如，帕西根堡（上图）或奥地利的海登赖希施泰因钟塔（中图）。

在整个中世纪期间，甚至是过了中世纪，石头砌合还是城堡建筑师使用的模式之一。在 1443 年至 1458 年间，对阿拉贡的国王们来说，那不勒斯的新堡（Castel Nuovo）的建造，是结合军事功能和文艺复兴装饰功能而使用石块的最好机会。

　　第二种方式自古就有，无论是希腊还是中东，城堡建筑师们想方设法用浮雕来修饰外墙，那些光滑的、有光滑凸面的石块（平顶浮雕）与未被粗加工过的石块（粗浮雕）砌在一起，往往会产生一种持久与稳固的强烈效果，尤其是在光与影的对比下。这一平顶浮雕始终保存在中世纪的中东堡垒上，不管是东方式的堡垒，还是西方式的堡垒。但在中世纪，无论是中东还是西方，使用最普遍的还是粗浮雕技术。自12世纪中期开始，它在文化混杂的地方成了封建建筑的重要标志之一，并扩展到罗

讷河畔和德国莱茵河的东边，从朗格多克一直到波希米亚，成了日耳曼堡垒的建筑规则，以至有时它被称为"霍亨斯陶芬技术"，因为它是 12 世纪和 13 世纪德国建筑的象征。13 世纪，它普遍出现在中东的堡垒中。13 世纪末，它再次出现在法国皇家堡垒的建筑上。

在一度冷落后，直至 15 世纪末和 16 世纪初，这一方法再次得到恢复，让外表上具有张扬特征的建筑与当时盛行的标准主塔的影响抗衡。建筑师通常喜欢粗浮雕技术，从朗格勒（Langres）、勒阿弗尔（Le Havre）和波旁拉尔尚博等地堡垒建筑可以略见。但有时也会走极端，有人雕刻出半球形的浮雕，如同嵌在墙外的炮弹一样，例如在蒙特勒伊贝莱（Montreuil-Bellay）和杜尔诺埃勒。

人们对浮雕非常关注，并在军事上证明它的必要性，然而浮雕首先是用在美学上。自古代起，在地中海沿岸国家，它得到广泛的运用。在阴影与阳光下，浮雕格外醒目。从 12 世纪至 14 世纪，在整个日耳曼帝国，它成了城堡建筑约定俗成的规定。它的象征作用出现在这幅展现建造围墙的德国细密画中（中图）。在法国南方，浮雕成了 13 世纪末的皇家建筑的标记，例如在艾格莫尔特堡，城堡的石块上雕有工头的印记，目的是为了能认出那石匠（左页上图）。

Tournoelle

224

Chasteau Gay

Chaleron

15 世纪中期，威廉·勒韦
为波旁公爵路易收集了一本纹章
图案集，纹章配有城堡图（这些
城堡是贵族家族的发祥地）。该
图案集是由三位风格不同的画家
所创作。第一位画家的风格是形
象画与工笔画，这张是他画的诺
耐特堡，它由贝里公爵在 14 世
纪末建造；另外是他画的杜尔诺
埃勒堡，这是座具有奥弗涅风格
的双塔堡垒；还有他画的萨多盖
堡和萨兹翁堡，是最具代表性的
奥弗涅贵族大厅塔楼。第二位画
家更注重城堡的象征性，以下三
幅画是他的作品：拉维欧堡、塞
维也堡、蒙布里松（Montbrison）
堡，都是福雷（Forez）的市镇
和城堡.从最近的研究可以看到，
除了这些细微之处外，画家丝毫
没歪曲现实，反映出了这些有突
廊或没有突廊的塔楼的象征力.

Le chateau d' la vie

La ville et chatiau de monbrison

直立在峭壁上的那座城堡筑有强大的防御工事，没人见过这样威严的堡垒。因在这片裸露的岩石上，还有一座灰色的大理石王宫。在王宫里大约有500扇窗户敞开着，挤满了夫人和小姐，她们观赏着眼前吐蕊争艳的草坪和果园。

克雷蒂安·德·特鲁瓦

《贝尔塞瓦勒或圣杯的故事》，12世纪末

第三章

城堡的生活因素

在城堡里最常见的家具，除了银箱和床架外就是餐具架（右图）。里面可以摆设金银器和豪华餐具，它们是城堡主财富的象征。

中世纪城堡的设计中，战争象征是否起决定作用？某种意义上讲确实如此，但读了一些小说或编年史便相信，战争象征并非唯一左右城堡式样的因素，生活作用与军事实力的象征同等重要，城堡经历的更多的是和平日子而不是战争岁月。它的作用，与其

大厅是城堡或王宫的生活中心。靠人字墙处有个台。在大厅中央，城堡主坐在华盖下，两侧伫立着他的妻子和宫廷贵妇。在近处的餐具架上，炫耀似的放着种种器皿，象征着城堡主奢侈的生活方式。沿大厅墙壁放了一些凳子，但是人们走动的多，坐下来的少。高台上不时传来乐声。城堡的节庆典礼、宴会和司法活动都在这里举办。

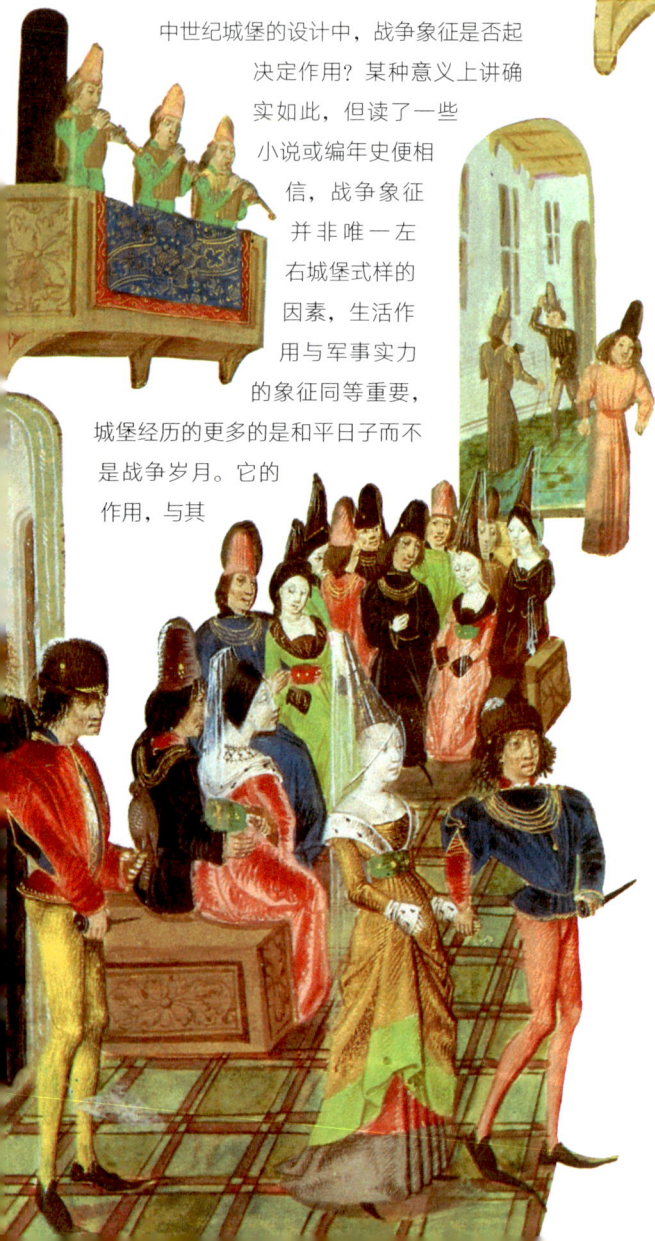

说是兵营或要塞，倒不如说是个行政管理中心。

大厅：
司法、行政与日常生活的场所

司法权与行政权历来需要在能容纳公众的场所实施。不管怎样的年代，帝王们都需要宽敞的地方从事司法活动、举行典礼和欢度节日。观众要精心选择，必是些臣服他们权力的人。希腊—罗马长方形大会堂就是这样的一个地方，移植在加洛林王朝的王宫中，它就成了封建年代的大厅（拉丁语为aula，英语中称为hall）。

自封建社会开始，城堡就有个公共大厅，领主在那里用餐、召集幕僚商议大事和实施司法。

当结束用餐后，撤去桌子，有时放好座

椅，就进行领主的司法活动；到了晚上用完夜宵后，搬走凳子，架起木床，供最尊贵的客人休息。在中世纪小说里常可读到这种多用途的大厅，它完完全全是城堡的生活大厅、司法与行政管理的中心、接待客人的住所。晚餐后，大厅里挤满了客人，这样的盛况今天已经风光不再了：游吟诗人唱着歌，随后大厅里铺上草褥垫，让那些狩猎或比武归来而疲惫不堪的骑士安寝。

大厅的面积与地位

  随着年代与规则的变化，大厅作用也日益专门化了。大厅面积是城堡主地位的标志。最好的例子是威斯敏斯特（Westminster）堡的大厅，它由英国王室建于 11 世纪至 12 世纪，其面积为 1440 平方米，长为 72 米，宽为 20 米。宽大的大厅可以召开人数众多的大会，国王能在此主持司法。此外，几乎所有正式的典礼都在这里举行。直至一个半世纪后，美男子腓力

国王在城堡的大厅中接见使臣，四周的墙上装饰华丽（左图）

在所有非军事的建筑中，威斯敏斯特堡的大厅堪称一绝。整个大厅异常宏伟，长72米、宽20米，顶上辉煌的屋架显示了12世纪英国木匠的高超技艺。它建于11世纪至12世纪，当时的统治者是红发威廉。在14世纪最后的30年里，在理查二世的统治下，该大厅再次翻修。它可容纳数百名贵宾参加王宫里的重大典礼，庞大的大厅则出于城堡主炫耀的需要。人们曾经传说，当红发威廉看到这宏伟的大厅时说：做卧室实在太大，但做大厅又嫌不够……如同在绝大多数受盎格鲁－诺曼底文化影响地区的大厅一样，它与院子处于同一平面。而法国的传统却是大厅要更上一层楼。

重建的城岛宫（今为巴黎法院）的大厅，其面积才超过了它。帝王的炫耀或骄傲是最重要的目的，面积为1785平方米的城岛宫大厅，70米的长度略逊于威斯敏斯特堡的展示是桩大事：拱顶下每根壁柱都竖立一位法兰西国王的雕像。

大厅很少能达到这样的面积，然而对重要的正统建筑物来说，却有扩建大厅的趋势。很显然，军事作用需要城墙的高度，而民用功能则需要场所的宽大。在众多宽敞的大厅中，库西大厅颇令人注目。它由库西的男爵们于1230年建造，1380年被修葺一新，大厅里收藏了中世纪文学作品中一系列主要人物的人头雕像，被称为"骑士像"。它与巴黎大厅遥相呼应，这些从当时骑士概念中汲取灵感的雕塑与法兰西国王系列雕像也正好对称。

13世纪上半叶由法兰西国王建造的蒙塔日大厅，还有1200年由阿基坦的埃莉诺（Aliénor d'Aquitaine）建

1300年至1310年，美男子腓力为城岛宫建造了双殿大厅（下图），宽度超过了威斯敏斯特堡，殿堂里的壁柱和石柱雕刻着法兰西所有国王的全身像。

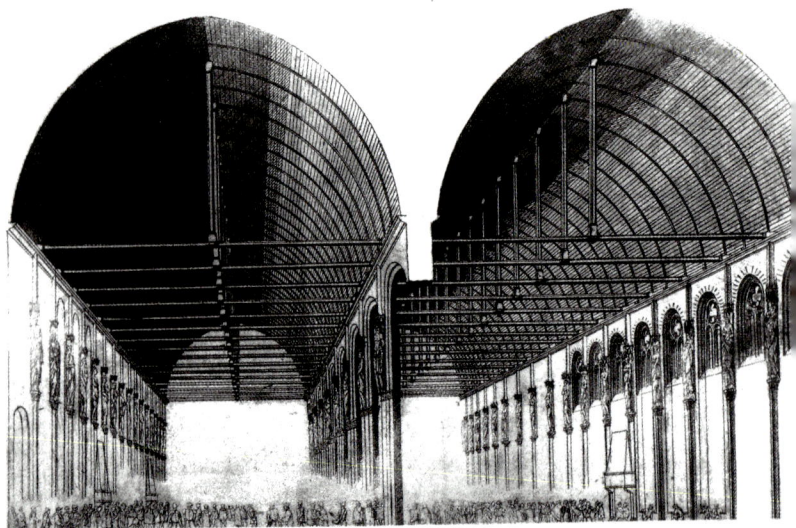

造的普瓦捷大厅，以及1230年由圣路易的儿子修造的滨海布洛涅的大厅，都达到了同样的规模，贝里公爵于14世纪下半叶建造在古堡遗址上的布尔日大厅同样如此。

大厅的面积，在法国通常在100平方米至225平方米之间。偌大的空间，不管是单独的还是在楼房里的，在城堡建筑中是个有多种用途的场所。从100平方米的大厅到1000平方米的大厅，其作用多种多样。但无论怎样的大厅，它们都是封建社会的生活象征。

住房的装饰本身标志了城堡主人的财富、气派与荣耀。今天，在绝大多数大厅里，常会忽略那些墙上的壁画，它画的是骑士比武、战争［上图为阿维奥堡（Avio）中的壁画］或狩猎，有时画一些装饰性的帷幔，如1437年希永（Chillon）堡的那些13世纪大理石壁上就有这样的画（左图）。

在城堡格局中的大厅

在大多数情况下，大厅是个独立建筑。在受到盎格鲁－诺

普瓦捷的阿基坦公爵王
宫由一座被称为莫贝尔容的主
塔和一个大厅所组成。许多住
房和它们相连。阿基坦的埃莉
诺当上英国女王后重建了这大
厅，在三面墙上建造了罗曼风
格的小连拱廊和宽敞高大的窗
户，大厅参照了英国模式，是
个平面，其规模之恢宏完全体
现了女王的气派。14世纪末，
贝里公爵对王宫进行了全面整
修，焕然一新的莫贝尔容主塔
成了居住塔楼，有公爵的卧室。
墙外装饰着他家族成员的塑像。
至于大厅，建了新的人字墙，
三个壁炉的管道从精致的哥特
式网状玻璃后穿过。公爵坛旁
有两扇小门，可以从小门走上
俯视大厅的讲台，或通过侧面
的两个螺旋梯进入墙角小塔的
高处。

曼底文化影响的地方，它是个单层建筑，就是大厅这一层或称 Hall。在英国城堡规划中，这是非常显著的特征。即使只在法国被金雀花王朝统治的区域内，也有不少类似的大厅：由英国亨利一世建造的卡昂镇财政部（l'Echiquier de Caen）大厅保存得极好，并得到整修。可以这么说，它是威斯敏斯特大厅在欧洲大陆的翻版。同样，由金雀花王朝亨利二世（Henri II）所建造的昂热王宫的大厅也是个带院子的底层建筑，如同 1200 年由亨利二世遗孀阿基坦的埃莉诺建造的普瓦捷王宫大厅（palais de Poitiers）一样。但是法国的建筑文化却并非如此，他们更愿意让大厅高出生活用房或仆人住房。

从象征性上看，这一不同值得注意：它意味着帝王或领主对这一层的重视。从当时规矩看，便很容易理解，贵族们出入的是楼上大厅，而平民进出的则是底层大厅。这一不同意味着骑士地位的上升，从而带来社会观念上的变化。

至今保存完好的库西堡领主台阶的大平台（下图），它在楼梯前，是封建权威的象征。诸侯们在这里奉上各种贡品，在这里宣布重要的法规，尤其是司法审判。

大阶梯和室外台阶：
走向封建权力

　　加高贵族大厅必定有两个设施——台阶（le perron）和大阶梯（les grands degrés）。台阶是楼梯通往大厅的大平台，它有多种作用：接受其他领主的进贡、审判甚至执法，最后，

还可以让君主发表演说。在库西堡里就有这样一个保存完好的台阶大平台，三头石狮子驮着这张巨大平台，第四个作咆哮状的石狮子站在该平台上，原来它在通往大厅的楼梯前，与特鲁瓦（Troyes）的台阶曾起过同样作用，在毁坏前是作为审判台的。除此之外，在中世纪的小说里，台阶还有个很平凡的用途，那就是给穿着笨重的骑士当上马石。

　　无论其作用大小，其象征意义无处不在：在这通往大厅楼梯的领主台阶，从演说的站台到垫脚石，成了表达最高权力的重要场所。

大厅门口的台阶是个重要场所，人们在这里跨上战马，吻别妻子出发。

先有了台阶，然后又有了大阶梯，这是一个从院子通往大厅层面的楼梯。中世纪的文学作品中，大阶梯被描绘成"真正的登堂入室的通道"（conduisant du perron au palier de la grande salle）。为了让参加仪式的人流缓缓行进，斜梯发挥了作用，建筑结构并没有缩进，城岛宫（palais de la Cité）、蒙塔日（Montargis）堡、布尔日（Bourges）堡和特鲁瓦的三个坡面的大阶梯就是这类建筑的典范。

确实，绝大多数通往高大大厅的楼梯是极为简单的，但应记住，不管是什么样的形式，无论是垂直于城堡正面的楼梯，还是沿城堡进入人字墙的楼梯，它们都是封建象征的重要组成部分。仪式中的主角是领主，楼梯起了装饰作用。

再回到权力逻辑这一话题，对这些建筑的剖析仅是这个目的：通向教堂中最神圣的地方，通向领主的讲台。

大厅的空间结构

作为多种用途的场所，大厅的结构并不是一成不变的，根据每天的时间或举行的仪式，用支架、木板、草垫或床

柱都能改变大厅的面目。更有趣的是，由于它的司法作用，这些临时场所的四周放上法官座椅和律师席位，有时一个大厅可有好几个"审判庭"。大厅都是这样逐渐变成法庭的，如巴黎法院或普瓦捷王宫；大厅的居住作用在15世纪渐渐被司法作用所取代，除了偶然的宴会外，只有在这个时候，小人物的人数才绝对超过贵族。

从王宫大厅到小城堡的领主大厅，面积、内部布置和日常用途都不同，但城堡主在场时

如同库西堡一样，台阶是从大阶梯的平台开始，楼梯和门前的平地构成了整个台阶。有些台阶规模宏大。美男子腓力给城岛宫里增建的那个著名台阶就是个例子（左图）。这三个坡面的楼梯有特别的象征意义，在当时所有王宫里都可以看到。

的空间结构是不变的，不管其出席时间是多么短。领主的座席靠着人字墙，略露出几级台阶。领主在这里就座、用餐和进行司法审理。在桌子背面，座席靠人字墙上的壁炉供热，通常还在这里举行宴会和开审判会议，由长桌子搭起的讲台紧挨大厅檐沟墙壁，这些长桌与人字墙成直角。在大厅中央空地上，让接受审判的人到庭受审，让那些切肉侍从来回穿梭，甚至还可以在这里表演节目，这在中世纪城堡生活中是屡见不鲜的。

居住空间或卧室

大厅最初无疑是给过往客人留宿用的，有时甚至也住些有一定地位的侍从，仆人只能住顶楼和陋屋。然而，无论是居住城堡还是王宫城堡，最重要的特征之一似乎是卧室，拉丁语则为 camera。领主与内眷住在里面，可以与其他人员或过往客人隔开。

大厅，即使小城堡的大厅，也发挥同样的作用：当用餐时，餐桌搁在支架上，领主与妻子背朝壁炉，在周围朝臣的注视下用餐，有音乐与舞蹈为他们助兴。餐具柜经常放在左边，几位客人站在餐具柜前出神。用餐结束后，桌子即刻撤去，大厅又用于其他的用途。

　　11 世纪和 12 世纪的主塔结构证实了领主有独立居住的意愿，如同伦敦塔（la tour de Londres）那样，领主在建筑内部最宽敞的地方有一定数量的房间，它们由好几个小间隔开。最好的例子是 12 世纪中期建造在法国的博蒙勒里夏尔堡，领主们在巨大的大厅旁造了一幢独立的房子，还有带地窖的套房和装饰豪华的小客厅，以及领主过夜的密室。

　　就像领主的地位必须由大厅来表示那样，他也需要一间与他人不相干的房间来睡觉，某种意义上说，这是一间婚房，他在这里生儿育女，旁边至少还有间招待亲友的小客厅。在 12 世纪和 13 世纪期间，在城堡或王宫的规划中，人们很容易辨认出这些或多或少发展不同的基本建筑，有时它与其他住房横向毗邻，有时它垂直于主楼或附属建筑物上。

居住空间一般由好几个房间组成。这些房间的私人用途与公务功能分得很清楚。炫耀功能由前厅承担，领主并不睡在那里，但在那里招待客人、弈棋或接见外来使者。

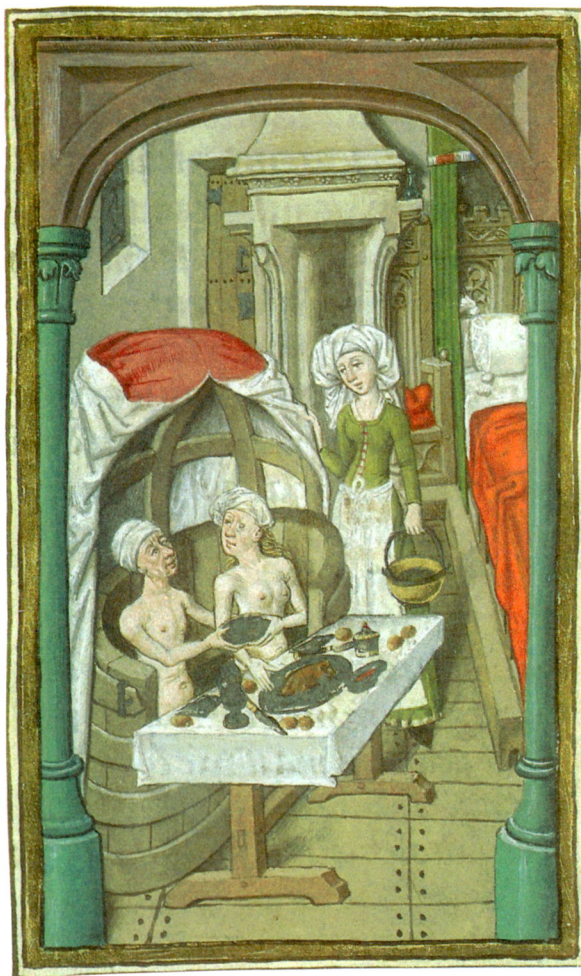

有浴罩的浴桶放在卧室里，领主与夫人懒洋洋地躺在那里，用着午餐。即使女仆在一旁，他们也不会尴尬。洗澡是桩大事情，通常在卧室里进行。有时用如同左图那样的简易浴桶，有时用浴盆，它在14世纪末开始风靡。

希农堡是座古老的皇家城堡，它有一系列房间（下图），从大厅（E）一直到国王卧室（A）。卧室里通常有厕所（a）、藏衣室（b）和私用楼梯。在进去之前，必须登上螺旋式楼梯，穿过"前厅"（B），外面的盖顶走廊（h）将大厅与"前厅"直接相连。

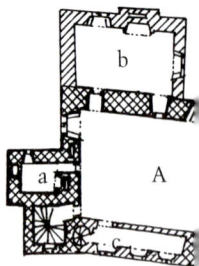

从卧室到套房

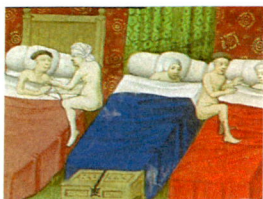

在以后的世纪里，私
人居住的地方渐渐地发生
了变化，根据领主亲友的
亲疏程度，其居住的房间
也有了严格的规定，并且
按照越来越讲究的礼节，借助前厅、藏衣室等将他们分开。
领主的地位上升得愈高，有关的礼仪也就愈加烦琐。14世
纪和15世纪，各种附属建筑也迅速增多，例如专门招待领
主亲友的密室和内室，在越来越固定的礼仪中占了一定的
位置。同时，随着陆续给领主、妻子和儿女分配房间，他
们的居住愈来愈分散。

德吕莱贝勒方丹堡
（上图）是12世纪末的
一座华丽住宅的废墟，
中央大厅的两侧有一间
带厕所的卧室。

混居现象在中世纪
屡见不鲜（左图）。随着
年代与法规的变化，逐
渐出现了单独的房间，
或者分居的观念，至少
对达官贵人而言是如此。

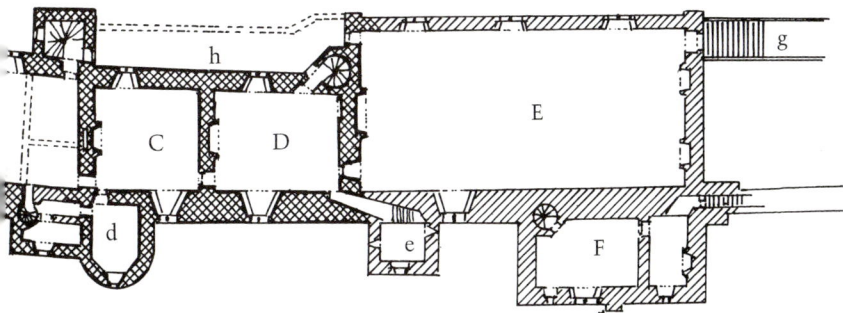

　　社会学家至今还不能确定，究竟在哪个年份，领主的卧室与妻子的卧室按社会等次被分了开来。可以肯定，自12世纪末，在地位最高的城堡里出现了这一分开的现象，而当时地位次等的城堡里，领主与妻子还是有共同的卧室。在许多19世纪的布列塔尼小城堡里，人们都能看到，共同卧室依旧存在，直至中世纪以后很久还保留着这一习惯。

卧室旁常常有些辅助小间作为补充，如内室或书房，君主带其亲信在这里聊天或读书（上图），在另一间房间里御用画师正在给画稿着色。这些幽静的私人场所对于逃避那些公务活动的人是必不可少的，这些活动甚至在私房里也继续存在。卧室旁有个藏衣室，仆人正在整理从箱子里取出的衣服（左图）。

小教堂

　　小教堂将领主的权力置于神权的框架内，在中世纪社会演变中，宗教通过它的形式与活动，最终成了不能绕过的轴心，骑士制度的神圣化更认同了这一轴心。

厕所常建在住宅里，当这些住宅面临壕沟时，墙上突出部分通常是厕所（上图，阿吕耶堡）。任何单独卧室都有自己的厕所，但过去的记载表明，领主常用便桶椅，用完后由仆人将其粪便倒在厕所里。

这是皮埃尔丰城堡修复前的山墙（旁图），它建于1396年至1407年间。每层依次分成三个场所：大厅、前厅和藏衣室。个人的卧室无疑在隔壁主塔里。奥尔良公爵和其夫人分别住在楼下和楼上。

小教堂是城堡和王宫的重要特征。许多时候，在城堡平面图上的小教堂与大厅是两个对称部分，在整个建筑的结构中同等重要。著名的例子是城岛宫的圣教堂，它建于圣路易统治年代。该教堂与大厅遥遥相对，长廊将它们相连并通往王室各成员的住处。一般来说，所有圣教堂都藏有圣物，无论是昂热堡的小教堂、波旁堡的小教堂、布尔日堡的小教堂、穆兰堡的小教堂，还是万塞讷皇家主塔的小教堂，它们都独立于王宫的其他建筑，其原因通常与教堂里教务会的地位有关。

兰茨贝格堡建于1200年，位于大门之上的精巧"凸肚窗"（左图）从大厅沿墙突出，起保护作用的十字形孔洞令人想起了宗教，而浮雕则是阿尔萨斯的特征。

安茹公爵在15世纪上半叶建造的塔拉斯孔（Tarascon）堡的小教堂（右页下图），如同所有君主教堂一样，在每个祭坛边有个包厢，靠壁炉取暖。君主们在做祭礼时，不必和其他朝臣混在一起。

通常，小教堂与大厅紧密相连，它是大厅不可缺少的延伸部分。它常与大厅成直角，但有时也与大厅平行，例如桑利斯（Senlis）堡小教堂，从大厅可以直接进入小教堂，库西和特鲁瓦的小教堂也是如此。小教堂可以是紧贴大厅边的普通祈祷室，如同一幢宗教修室；还可以看到有两层楼的小教堂，一层供大家使用，另一层为贵族所用。不管怎样的式样，小教堂的存在从不间断。这种教堂、大厅和卧室三位一体的建筑，最好的例子是11世纪或12世纪的那些规模宏大的主塔，例如伦敦主塔、法莱斯堡主塔和洛什主塔。

随着时光流逝，同大厅、卧室一样，在小教堂也出现了领主个性化空间的倾向。

自14世纪中期起，许多领主小教堂在大殿的左右两边有

建筑师德弗兰（Deverin）在1909年制订的沙托布里扬堡（旁图）修复计划中，给哥特式小教堂安排了极大的广场（下图），在小教堂的外墙建有带突廊和小塔的堞道。

了专供领主和他妻子使用的小凉廊。透过这些小凉廊的窗户，可以进行祭礼，而其他人往往看不到他们。

院子的公众场所

具有这些作用的建筑只能在一个结构良好的空间里才能存在，完成各项教堂管理职务活动。

首先谈一下院子，拉丁文为 Curia。它是个在不同建筑物中的空地，也是个接待客人的场所，当然必须在围墙内，被住宅包围。不管怎么说，在城堡建筑中它还是很重要的。在绝大多数王宫里，尤其是在主教城堡里，所有的文献都将具体的院子与聚会的作用结合起来谈。其实，它涉及关于王宫的概念，也就是说，它与超出小城堡规模的建筑地位有关。

这类封建社会建筑物的院子，最好的例子是库西堡，它的院子与城堡的楼房紧挨在一起，其周围矗立着不同的下有敞厅的建筑，它是上层人物聚集的地方。在一旁，台阶连着大阶梯，附近是小教堂，四周全是高大的建筑，显示了君主的特性。

从大阶梯到螺旋式楼梯

在院子里，楼上、楼下的外墙通道是主要建筑元素之一。在 10 世纪至 14 世纪，唯一连接上下的通道是大阶梯，它直通城堡最豪华的地方——大厅。从这点看，城岛宫就是个例子，在贵族院子里，一座在南面有檐沟的墙的东端的大阶梯直通美男子腓力的大厅；而第二座大阶梯极为豪华，它在长廊式的商场中央。

无论什么时期，城堡建筑中都有个花园，它是人工雕凿的一小块自然风光。无论是卢浮宫塔楼，还是万塞讷皇家主塔，查理五世为了把住宅与花园直接连起来，他不是造了几座吊桥？右图描绘了安茹国王勒内在书房里看书的情景，画家在其背景中画上了一些花园，国王的内宰直通花园。这些花园为四方形，种上了各种植物。周围有喷泉作装饰，还常有大鸟笼，甚至还有养动物的笼子。君主和领主喜欢在那里休息，喜欢在那里对女性献殷勤，在艳情小说中可常常读到。

　　但是，在 14 世纪时楼梯有了新的式样，螺旋式楼梯或螺旋式大楼梯提高到与大阶梯一样的地位。在院子内建筑物的拐弯处，还出现了其他多种形式的螺旋式图案。

　　直式螺旋式大楼梯充分表现了领主的张扬心态（如在卢浮宫、索米尔和其他城堡），同时也满足了当时的实际需要：楼上与楼下的往来日益频繁。

　　因为城堡院子的狭小而在 14 世纪 60 年代诞生的这种螺旋式楼梯（vis），很快得到了发展，事实上也由此出现了主塔旁的螺旋式大楼梯（grande vis）。14 世纪后，在小城堡也有螺旋式楼梯。直至 17 世纪甚至更晚些，在一些级别次要的建筑里才建造了螺旋式楼梯。

廊：
既是通行的地方，也是散心的场所

从院子通往主要住宅，这一来往于上下之间的重要设施也有其"孪生兄弟"：领主住宅或城堡住宅，为了与其主人地位相匹配，必须有横向走动的空间。中世纪曾称其为"敞廊"，随后又称其为"廊"。

拥有更多的面积，这是领主显示地位的标志之一。也就是说，作为领主或君主必须拥有更多的空间，尽管它们没什么直接用途。自12世纪起，拥有更多空间的欧塞尔王宫引人注目，它的长廊将教务会议大厅与住房连在一起。在整个中世纪时期，所有

在14世纪至15世纪的城堡土宫里，"走廊"如雨后春笋般地出现。它只是那些简单的有顶过道和附属的小厅，专门用来消遣和聊天。

1360年后不久，安茹的路易一世（Louis I）在索米尔堡里建造了螺旋式大楼梯（中图），它是最早的楼梯之一，仅次于维奥莱·勒·杜克在卢浮宫造的螺旋式大楼梯（左页图），它具有装饰功能，并成了君主住宅的重要组成部分。自此，这种楼梯的作用极为显著。此外，这种楼梯并不为大厅单独使用，通过它可到达所有的房间。

的王宫和为君主服务的建筑都证明了，这类希望拥有更多面积的意愿在不同程度上得到了体现。

　　直至 14 世纪中期，廊是楼房之间的主要通道，有时布置得相当奢侈。在中世纪的词汇里，这一词可以指直接用于住房的场所：悬在这个或那个大厅外的靠壁炉或火炉取暖的纵向通道，阿讷西（Annecy）堡的长廊就是这样的典型。城堡建筑的其他部分证明了，自 13 世纪起，在绝大多数情况下，城堡建筑师从不犹豫，建起面朝院子或壕沟的悬在外面的纵向通道，供城堡领主玩乐以及和亲信单独相处。

　　自从 14 世纪中期起，这一观念迅速发展，各种有特色的场所诞生了。

蒂罗尔州（Tyrol）的德伦克尔堡是个带夏日住宅特点的建筑，除了那幢在日耳曼地区传统的漂亮住宅外，还有那座像拱廊一样的带顶楼梯，楼梯下还有个喷泉。它由尼克拉斯·德·文特于1388年建造，底层有个露天大厅（长廊），通过四扇拱门可达院子，上面的楼层被隔成两个大厅。无论是室内还是室外，甚至在沿长廊院子的墙上都有五彩缤纷的画。这些绘画（1504年至1508年被修复）描绘了盾牌、狩猎、骑士比武、舞蹈和打球，还有些爱情诗的节选。

廊是通行场所、过道，也是接待客人和娱乐的大厅。到处可感受到这种拥有更多空间的炫耀。君主或大领主与小封臣的区别，甚至与布尔乔亚的区别就在于这个地方。廊的迅速发展与卧室装饰元素的增多，几乎是在同时发生的：这种领主住宅后来或多或少成了标志复兴时代特点的套房。

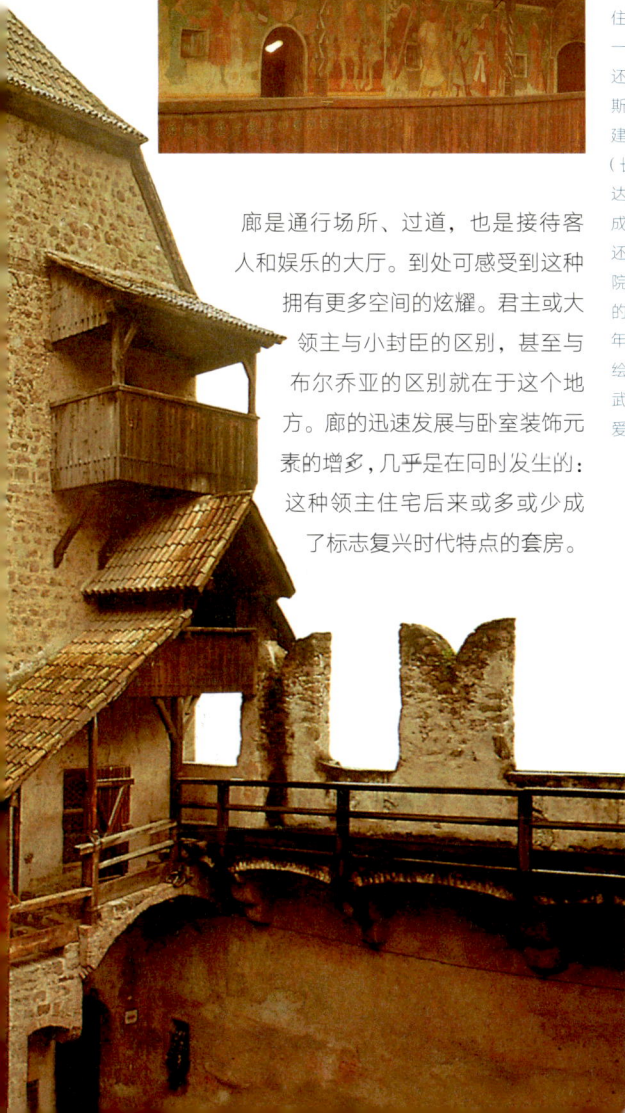

沿塔楼脚下，一座 52 级台阶的楼梯直通泥灰岩下的各个地道，右边楼梯下的地道延伸到地下仅 80 米，左边楼梯下的地道在 140 米左右处被碎石瓦砾堵塞，似乎还可延长……从这地道走到另外一地道，据说它可以通往迪耶普（Dieppe），但迪耶普的入口也被碎石瓦砾堵塞了。

对 1708 年阿尔克拉巴塔耶堡的描述

第四章
从象征到神话

城堡在众人心目中始终占了令人难以置信的一席之地。多少故事与传说使它成了充满神秘的地方，它的城墙与塔楼象征了对自由的限制。

中世纪城堡建造以来，随着岁月的流逝，城堡的象征和特性逐渐被各种神话所取代。自中世纪末起，首先是对城堡逐渐失去热忱，其次是后人对这古老怪异的设施不甚理解，最后是在岁月侵蚀下城堡渐渐成了废墟，这一切使这些古堡变得更为封闭、更为神秘，这一切促成了神话的产生。因此，自16世纪起，所有中世纪的古堡都被划归"古罗马人"或那些具有传奇色彩的名人，例如法国12世纪英雄史诗《罗兰之歌》中的人物加纳（Ganne）或加内隆（Ganelon）。

18世纪和19世纪是这些围绕城堡的神话的鼎盛时期，由于对中世纪社会及其巨大建筑的不理解，也无法予以"人性化"，于是在脑海里浮现了类似民间传说的种种联想。法国大革命时期对城堡的破坏加速了这些想象的滋生和蔓延，浪漫主义也给它添上了戏剧色彩。

作家兼画家乔治·桑用文才和画笔去想象城堡的神奇（下图是她关于城堡的绘画作品之一）。在《莫普拉》中，她对拉罗什·吉勒波（后更名为拉罗什·莫普拉）有这样一段描述："在这个杳无人迹、树丛茂密的地方，在一条壑沟里有座已成废墟的小城堡，在距狼牙闸门百步之遥的地方，发现一些破损的小塔。当暮色降临时，从城堡高处的箭垛里传出一声声夜魔的凄厉叫声，伐木人与烧炭人脚步匆匆，一声不吭地从那里经过，不时画着十字架……"

地道，
或"神秘的城堡"

在中世纪，人们谈到城堡建筑，总热衷谈它的巍峨与崇高。有趣的是，流传最广、给人印象最深的，无论是过去还是现在，却是与地道有关的神话。真实的生活消失了，代之而起的是传说，这是民间想象出来的历史，按导游的说法，哪个城堡没有长达数十千米的地下网络？哪个历史上享有盛誉的地道没有遭到倒塌的厄运，以致今天无法辨认？哪个地道没有某个老人的保证，说他的祖先曾穿过整个地道？

这是流传最广的有关城堡的近代神话之一，毫无疑问也离现实最远。人们在不同时期挖掘的地道，提供了建造高大建筑的材料，或做储存用的恒温地窖，于是神话也随之出现了。绝大多数的地道只是个地窖而已，如同绝大部分的中世纪城市一样，这些地窖有可能连为网络。

几个世纪过去，这些地道，不管是地窖还是采石场，最后终于连成一体，变成交错纵横的地下网络。

"人们一时忘却高矗在那里的方形塔楼，它不再是土台主塔，也不是废墟，而是个巨型'石珊瑚'植物，伸出了类似可怕的珊瑚虫的触角、脚爪、手指、脖子、吻管和长发，钻入里面，把它密密包住。"

维克多·雨果
《莱茵河》，第28封信

地下城堡

然而，在中世纪的象征中，从未有过逃命的地道，这全是浪漫主义的七拼八凑的创造。那时是不是有人挖过这类地下建筑来保护深陷困境的防御者呢？回答无疑是否定的。与现在相比，中世纪更注重实效而不是情感。"地道"的这一用途在当时并不现实，为了从这地道逃逸，出口必须与出发地相隔遥远，才不至于冒着落入围攻者控制的地区的危险。但在中世纪，并没有像我们现在这样有很多的钱来挖通各城堡和各城市间的地下通道……

— Si ces messieudames veulent bien se faire l'honneur de prendre la peine d'entrer, j'aurai la considération distinguée de leur z'y donner l'explication des ruines.

相反，在中世纪有不少可以藏身的地下室，由许多采石场为这个目的改建而成。最著名的地下室要数法国皮卡第（Picardie）的纳胡堡的"藏匿通道"，它规模宏大，可容纳3000多人。自9世纪起，它形成了网络状的地下藏身处，在历次战争中都发挥了作用。它与古堡没有太大的关系，它是平民百姓为躲避战火而挖掘的藏身处，与封建因素毫不相干。

这样的地下室通道在中世纪古址上到处可见，通

地下室是个深不可测的地方，是个漆黑的迷宫，既令人担忧，又令人着迷。当连环画将现实与梦幻连在一起时，人们得到身临其境的感受。这是布尔琼的作品《黄昏侣伴》。

...sommes sur la terrasse, est entièrement [cam]pagne environnante; c'est en face de [la] célèbre bataille de Guêpe. Guillaume [montre] les derrières de son armée [du] doigt!...

... Il se croyait en sûreté, quand Bayard et Duguesclin, survenant à l'improviste, fendirent ses derrières en deux et lui coupèrent l'aile gauche à coups de canon. La victoire était aux troupes de Napoléon. (Le groupe des visiteurs en est bleu.)

— Nous allons procéder à la visite des souterrains, lieux d'horreur, lieux hantés, lieux de désespérance. Ces messieudames n'ont qu'à me suivre. (Le groupe des visiteurs descend en pâlissant.)

梅蒂韦（Métivet）的作品《笑声》中"参观古城堡"这一章节（上图），尽管它已有90年历史，但依旧青春常驻：当这神话成为陈词滥调时……

常是平民们挖的，与当时政权没任何关系。然而，人们不能否认那些建在岩石下的真正的城堡。从这种观点来看，中东倒有不少这样卓越的建筑，黎巴嫩的"蒂龙地窖"最有代表性。这个地下堡垒在峡谷里，两侧是悬崖峭壁，入口处的险要令人眩晕，在整个十字军东

征期它始终存在，甚至战争结束后它还存在了多年。令人惊奇的是，它们没有起到多大的作用，因为地下室只有不被人们所知才有价值。

一旦人们发现地下室的存在，它就成了极其致命的陷阱，如同兔子藏身的洞穴一样。与露天的城堡相比，这类地下室受到围困之后的处境更糟。历史充分证明了，人们根本无法守住自己的秘密，只要敌人掐住了守卫者生存必要的食物供应，尤其是水，这些地下室顿时成了令人恐惧的死亡室。

沿着梅蒂韦的探访路线，这里是座城堡塔楼（左图）。这次总算不是"最后藏身处"，而是幽默所在地……

城堡主塔，或最后藏身处

在近代城堡神话中，"城堡主塔"是仅次于地道的热门话题。在有关城堡的传统评价中，有人认为它是"最后藏身处"。其解释极为简单，当城堡遭到围攻时，攻城人将先占领平民院子，随后夺取贵族院子。一旦如此，城堡守卫者必须逃进主塔或城堡塔楼。当围攻极其激烈时，地道又成了守卫者的"最后藏身处"。在浪漫主义时期，作为身份象征的城堡塔楼取代了根深蒂固的封建社会关系，其作用成了单一的军事用途。一旦遭到围城，它便成了内堡。

在中世纪的城堡设计中，主塔肯定负有独特作用。但事实上，它的作

"在中世纪,主塔对城堡的作用,就好比城堡对城市的作用。那些被赶出城市的士兵,就退守在城堡里;城堡失守,士兵们就退守到主塔里……除了主塔,众叛亲离的领主无处藏身了,于是他和亲信躲进主塔。留给他最后的出路,要么战斗到底,要么准备逃走,要么投降",这就是维奥莱·勒·杜克在《建筑分析词典》中提出的有关主塔作用的经典看法。不幸的是,这看法有极大局限性,它将居住方面或象征方面全都略去了,而这些作用在许多城堡中都有所表现。首先是日耳曼钟楼(中图),它完全无人居住了;但坐落在狭隘山顶上的富瓦堡(上图)和它的三座主塔,充分显示了其象征的强大作用。塔楼的建造是表明新主人的强大标记。

用决非像人们所以为的那样单一。主塔可以是权力的象征,它不能居住;也可以如同腓力式塔楼一样有两用功能,是权力象征,还让人居住;还可以像普罗万塔楼那样是个牢房。在 1150 年的规划中,普罗万塔楼就是按监狱模式所设计;最后还可以专门供人居住。在任何情况下,城堡都不曾是个单一的"最后藏身处",唯有受到腓力式风格的建筑的影响的塔

COUPE ET
PROFIL DU
CHASTEAU
DE PONS pris
par la ligne du
plan . C.D. ou parc
ist dans lenfoncem
la tour et autres.
baftimans et murs

在修建城堡时，对城堡的想象也得到充分的体现。哪个建筑师和考古学家没有这样的想象呢？那些负责修复过去年代历史遗迹的建筑师用精美的绘画将这样的想象公式化。例如，1886 年马斯卡尔的水彩画作品《朗比尔堡》（左图）。不幸的是，想象有时以毫无理由可言的穿凿窗洞、增加突廊来表现。幸运的是，有时还留下一些城堡昔日的美好见证。通过对蓬斯堡主塔的今日状况（左上图照片）与其 17 世纪的状况相比较（由杰出的工程师克洛德·马斯所修复，左下图），可以看到这部分梦想。

楼，才可能是个单一的"最后藏身处"，因为它们与城堡的其余部分完全不相干。

是否应这样考虑：在观察库西堡这样一座城堡时，里面主塔按传统的腓力式主塔仿造，楼前是平民院子，人们有道理问，城堡的象征意义是不是更大于城堡的防御功能？

与藏身处不同，城堡主塔经常有人居住。由此可见，在中世纪，人们建造主塔并非抱着一成不变的僵硬观念，在主塔内可以看到许多与日常生活有关的设施。在那里，居住用途占了相当大的比重。万塞讷皇家主塔就是这样一个例子。许多有圆形小塔的长方形住宅塔楼组成个"大家族"，在地位略低的领主当中，这样的住宅塔楼更是普遍。

沸油：令人捧腹的防御

想到城堡时，浮现眼前的往往是围城场景：进攻者经过激烈的战斗越过壕沟（人们总以为壕沟里有水，其实并

维克多·雨果在《莱茵河》第28封信的"参观施瓦本贝内斯特堡"中写道："我登上这条小道，它的过去令人毛骨悚然，大量的沸油、冒烟的沥青和滚烫的熔铅从突廊往这里倒。"

非如此），在护墙上架起了长梯奋勇攀登，防御者拼命地向他们投掷各种充当武器的物件。导游最愿意介绍的就是那些滚烫的油。

据近代的传说，这些可怜的防御者不得不在堞道上将火点燃，将铁锅里的油烧得滚烫，随后抬起，将沸油从突廊和雉堞甚至从木廊上浇下去……我们不禁要问，这些想象究竟有多少是可信的？

但只要想一想，有谁会相信，在高高的城墙上，防御者点火烧热笨重的大铁锅，里面晃动着昂贵的油，然后，防御者抬起烧得发烫的大铁锅，冒着敌人的炮火，将沸油倒在进攻者的头上？

相反，据史书记载，城墙上防御用的主要是坚硬的投掷物，首先是围城前就堆在塔楼和护墙上的大石块，当然也会使用类似沸油的卓有成效的"武器"，如生石灰水。

根据过去的作者和插图画家的说法，往城堡堞道上造了许多煞费苦心的机关……事实上，画集与文字说明都证明了从突廊或雉堞高处扔下的主要是石块而不是沸油。还有那些垂直的洞，那是用来垂直抛出传统投掷器的。

1347年，于格·德·卡达亚克要求比乌勒堡塔楼顶上造生石灰池。另外，在其他攻城故事中提到，防御者还会用一些很无聊的手段，例如在13世纪的阿尔萨斯围城战中，就有人将一桶桶粪便朝着进攻者的头上浇去。

但无论是进攻还是防守，主要的兵器还是投掷物。单兵作战往往用弓箭和弩，群体作战常用投射器和掷石器，还有些徒手用的"兵器"，如石块和滚木。

这些做法确实不浪漫，但必须明白，中世纪如同古代和以后的古典时代，攻城通常是专家考虑的事，这会促进运用各种精益求精的手段。

16世纪的工程师并不注重沸油，对于他们来说，机器或大炮的制作、朝前推进的策略、对坑道和地下室的侦察，才是他们心目中有关战争的经典教义。

当城堡上了银幕时（跨页图为《亚瑟王之剑》），其效果跟梦想与神话是一致的，但重要的还是戏剧性，如在灌满水的壕沟里激战（左上图）。由于攻城，必须有一支人数众多的围城军队，还必须找到对方守卫的薄弱处，埋地雷或挖坑道是常用的手段。

"这里是黑牢!人们将那些垂死的人统统扔了进去。这是无底深渊,底部竖着锐利的刀⋯⋯"1902年梅蒂韦继续探访,证明了梅里美半个世纪前的警告毫无效果,"应带着同样的保留态度来看那些冠以地牢名称的黑牢。说什么那是些类似深渊的地方,把囚犯关押在这里,让他们活活饿死,或者将囚犯推下去致其跌死⋯⋯"维奥莱·勒·杜克的话也不那么有用:"到任何中世纪城堡都让我们看地牢。必须承认,很少发现名副其实的地牢,一般只是厕所而已。"

黑牢：没有名分的封建公堂

在这些近代的系列神话中，有不少是关于黑牢（被人遗忘的地下角落）和地牢的传说：领主往往恶意地将囚犯关在里面，不闻不问。黑牢和地下室是"孪生兄弟"，绝大部分地窖建在主塔下，如同深不可测的地牢一样，许多囚犯被押在这里，受着干渴和饥饿的折磨。

然而，绝大多数主塔下面的地窖为储藏室，通过绞车从拱顶上的洞穴进出。撇开浪漫主义不谈，在城堡内部确实存在着关押囚犯的地方，这也算是封建司法中的一个部分。地牢与主塔地下室的不同之处在于：

如果说不用"黑牢"这词，相反"地牢"则是城堡建筑规划上的一个部分，领主在城堡里主持司法诉讼。城堡围墙内有多处囚禁犯人的地方。一般在主塔底部，凭墙上的厕所就可轻易地找到这些地方。它阴暗潮湿，臭味弥漫，对于普通犯人或无法缴纳赎金的战俘来说，这是他们的活坟墓。格拉内（Granet）在绘画作品《圣路易释放关押在达米亚特堡的囚犯》中表现了这一情景（左图）。一个世纪后，布尔琼的作品《黄昏侣伴》（下图）也描述了这一状况。

地牢厚墙内有厕所，例如纳雅克（Najac）、库西（Coucy）和勒维维耶（Le Vivier）。地牢还常设在塔楼里，甚至占了整个塔楼，普罗万（Provins）就是。

地牢的条件极其差劲，尽管建造了厕所，其卫生条件还是很糟糕。然而，所谓黑牢的概念与中世纪社会学极不吻合，中世纪社会学认为，尽管领主屡屡使用暴力，但黑牢意味着权力或者利益。囚犯们是领主的收入来源，因而不能不怀疑，执法者会将囚犯们遗忘在深不可测的地牢里面。这并不是在为中世纪野蛮行为开脱，让囚犯四肢健全地从地牢里出来，这样的可能性简直可以说是微乎其微的。

早期的防线或城堡

自从19世纪起，对于城堡的作用就有这样一种看法，即城堡是防御战略的一个组成部分。仿佛在中世纪，每个领主、

普罗万堡的恺撒主塔（下图为该塔的模型）与众不同，它的唯一作用就是关押囚犯。中等面积的两个大厅是卫兵用的，周围分离的小间，有的建在小塔里，有的在厚厚的城墙里。楼上大厅有公用厕所和水房。在半人高处有个拱顶走廊，可以用来对外监视。一旦囚犯骚动，卫兵们就从高处的窗子对他们发射箭矢。该主塔最初是领主执法后用的牢房，12世纪末它归了普罗万镇。

男爵、公爵、伯爵在自己的领地里都有沃邦式（Vauban）的"正方形的决斗场"（prés carrés）。于是接连不断地出现了对各封建集团有用的各种防线，对历史的了解愈少，就愈会往这些方面去附会。

这种看法通常与地道的地形有关，作为军事防卫的这些地道与它所依托的城堡紧密相连，以至当时的法国早就有了错综复杂的地下网络。所谓中世纪"马其诺防线"的说法都是在事后杜撰的。

封建时代的权力极为混乱，每隔 10 年就会有变化，可以排除受笛卡儿主义影响或近代决定论影响的这些看法。中世纪有疆界，它们通常是非物质性的，起决定性作用中的经济因素更多于军事因素。因封建时代的城堡历来是权力中心，并非军事意

义上的防线。

在这个或者那个年代里，确实存在着出于军事战略目的而建立的城堡联盟，从这点上来说，在 11 世纪和 12 世纪是最多的。但是我们对于这段历史缺乏足够的了解，因而也就无法断定谁是那些土台的主人。相反，对英法百年战争时期的城堡联盟不必过于重视，军事战略观念是不存在的。事实也确实如此，像 18 世纪和 19 世纪那样的堡垒网络在中世纪从未有过。

13 世纪建在科比耶尔的皇家城堡，曾被错误地看作抵御加泰罗尼亚人的防线。事实上，它是个军事据点，为了监视那些叛乱的山民。左图为拉斯图（Lastours）的四座城堡。

现实与梦

城堡首先是个生活的场所，不管它的外形看上去如何壁垒森严。城堡生活的和平岁月多于战争年代。不应该将它视为古代要塞，那是为驻军所建，以求掠取更多的地盘。在整个中世纪，城堡代表了一个权力的中心，是贵族及其臣民赖以为生的领地。它是个居住地方，是个行政中心，当然也是个军事据点。

通过对法国境内外城堡的分析，可以看出城堡建筑所展示的一系列象征意义，城堡大厅表现了它的生活象征，主塔、小塔、箭垛和突

"无论城堡是否坚固，这些年代悠久的石块决计经受不住游客的踩踏"（下图）。还是来听听雨果是如何说的："这个该死的、令人畏惧的城堡废墟，与莱茵河的其他城堡废墟相比，有其优势，它未遭开发。在你攀登时，没有殷勤的人会尾随你，也没有讲鬼魂的人问你讨小费，更不会有插上木门或挂着锁的门在半路阻挡你。没有人会帮助你，也没有人会骚扰你。"

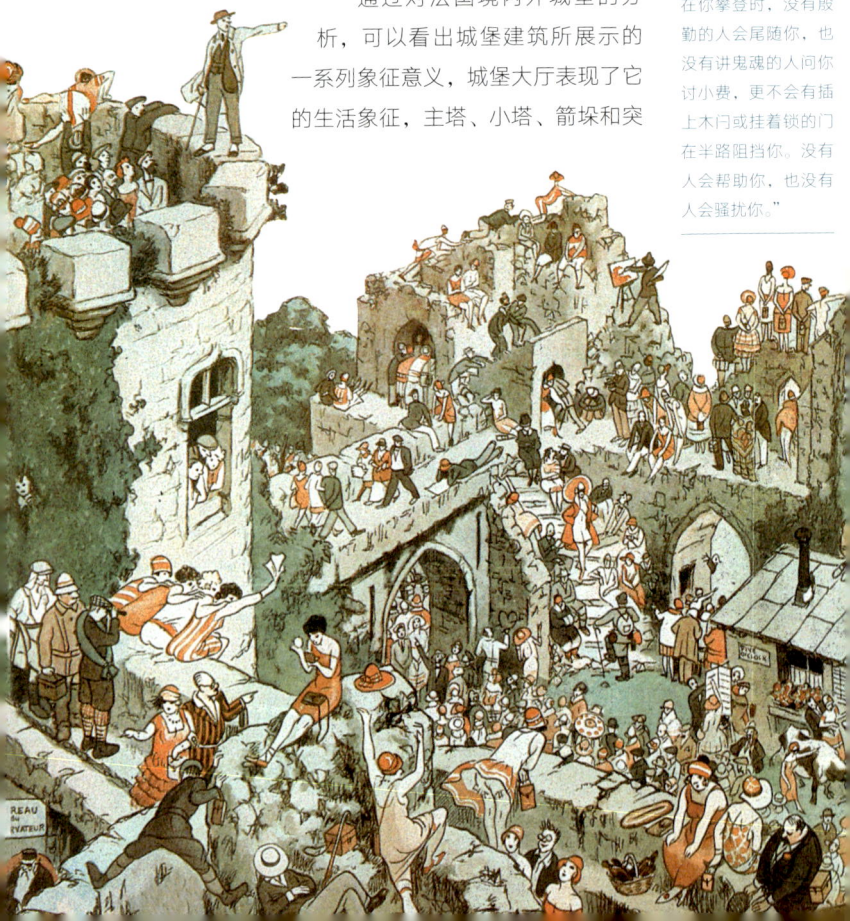

廊意味着军事象征，卧室、楼梯和走廊则象征了家庭与亲情。

在封建社会的 500 年里，这些渐进的象征与社会现实或许常常发生冲突，在现实中战争是首位。从那时起，可以按这个社会轴心来解读这些建筑，也可撇开具体的、令人失望的现实，通过具有浪漫内涵的象征来解读。

城堡是个梦的场所。那

— Si ces messieudames sont satisfaits ils n'oublie-ront pas un vieux combat-tant de Waterloo.

(Le groupe des visiteurs sort, visiblement assombri et quelque peu désorgenté.)

些过去的象征——大厅、螺旋式楼梯和大阶梯大多已经消失了，遗留下来的是供人思索的黑半、地道和"最后藏身处"。让我们还是把梦留给城堡遗迹的讲解员吧，因为这才会引起大家去参观和保存这些建筑的兴趣。

"城堡里一片凄惨。大厅的屋顶和天花板全塌陷了，面朝峡谷的 13 扇窗户全被打开。我默默伫立在这破房子前，直至夕阳西下，此时正是幽灵鬼魂出没的时候。躲藏阴暗处的魑魅魍魉都苏醒了，他们四处跑动。沉闷的嚎叫声，诡异的敲打声、尖叫声、树林深处噼噼啪啪的跑动声，就在附近的微弱的叹息声、陌生的呻吟声，以及这些散发凄切声音的奇形怪状的身影，这些尖叫和低语你从未听过，也不知究竟从何处发出……"

维克多·雨果
《莱茵河》

见证与文献

　　在中世纪文献中，有许多资料提到大型土木工程，尤其是关于城堡的建筑。为了真实地描绘出当时的场景，以下选载的文章均来自中世纪文献，即使有时它只是一种象征。

　　法语经历了较长的历史变迁。诞生于中世纪的古法语，经过数个世纪的演化，逐渐形成了现代法语。因此，在发音、拼写、语法、词义等方面，古法语与现代法语有很大的差异。因此，当涉及同一个单词的拼写、词义时，"见证与文献"和"名词解释"两部分会有不同。特此说明。

象征与地位：土台城堡与主塔

只有读了 11 世纪和 12 世纪的编年史，才能知道主塔与土台城堡的重要象征性。土台城堡常被称为 "Dongio"，它从 "统治"（Dominium）一词演变而来。主塔被称为 "turris"，侧塔为 "tournelles"。无论是主塔还是侧塔，它们的建造与领主的地位与权力有密切关系。但是建筑形式超越权力的情况也不少见。

1026 年：
土台遗址上建造木塔楼的记载
（《旺多姆年鉴》）

倭德二世（Eudes II）、布卢瓦伯爵与富尔克·内拉发生冲突，于 1026 年在一个土台遗址上建造了一座木塔楼，主塔很高，但土台的位置也很高。

这年，倭德二世摆脱了与法兰西国王的种种问题，包围了 10 多年前富尔克·内拉在挨着杜尔城修建的有许多防御工事的蒙布尔沃堡。倭德二世在这土台上建了一座高度惊人的木头主塔……

阿尔方
《旺多姆和安茹年鉴文集》
1903 年

1060 年：
在阿德尔建造的一座围墙与土台
（《阿德尔的兰贝特家族编年史》）

11 世纪城堡问世，它们建造在土台上，在文学作品中被称为 "donjon"。

布洛涅伯爵、欧斯塔斯宫廷总管阿尔诺，看到自己大功告成，一切称心如意。在离阿德尔不远的洼地的磨坊闸门附近又建了个闸门。在这两个闸门中的沙子洼地里，他建了一座很高的城堡塔楼，四周陡峭的山峦环拱它，是反围攻的象征……周围还有一道深深的壕沟，把磨坊围在里面……

莫尔泰
《文集》，1911 年

1070 年：
圣本笃骑士城堡主塔的奇迹

马里尼修道院（la Cour - Marigny）

的掠夺者塞甘骑士（Séguins）在主塔接待了一个使团。会见时他突然异常暴怒，在出门时猝死。本文谈到了贵族宅邸的简陋状况，以及该塔的象征性特征。

这座木塔是骑士塞甘的住宅，他有权有势，是居住在沙蒂永堡里的贵族之一。塔的上层有间房，塞甘在这里居住，还在这里召开会议，并与亲人一同生活，夜晚睡在这里。此外，在塔的底层有间贮存各种香料的储藏室，保存了生活必需品。按当时的习惯，地上铺的是木头地板，与其长度和宽度相比，其厚度略显单薄……塞甘站在地板的一端讲着话，他那张中毒的嘴刚把话一股脑儿说完，木梁的一头突然倾覆，另一头高高翘起，塞甘一头栽下去，脑袋像楔子一样夹在两个木箱中，身子被扔在木箱上……

塞尔坦
1858 年

英国的科尼斯伯勒堡主塔

1180 年建造在卢瓦雷省（Loiret）的沙蒂永科利尼堡
主塔

1181 年：
在吉讷土台上建造一幢圆的房子或塔（阿德尔的兰贝特《吉讷伯爵史》）

本文中的"圆形屋"肯定是指主塔。值得关注的是，此后，城堡内部建筑的象征胜过了土台的象征。

吉讷伯爵博杜安（Baudouin）在土台上建起了一幢用长方条石砌起的圆房。它是如此之高，似乎悬于半空。在圆房高处，他还建了平台，为的是将铅屋顶盖在梁架上……在房内，他还有数间豪华的房间，另几间用于居住，并有若干内室和走廊。结果这圆房与错综复杂的迷宫相差无几。在门前稍远处，他造了座木架石墙的小教堂。在城堡外墙上，他还砌了堵石墙。他在入口处建了不少颇具杀气的门塔，并安置了不少防御设施。

1205 年至 1212 年：
腓力二世在约讷河畔新城建造主塔的概算书

腓力二世在约讷河畔新城建造主塔的概算书引起了人们极大的兴趣，因该塔楼至今依旧屹立在那里。通过概算书与现实做比较，可以看出其大小与原先设计有较大的变动：原先设计的塔楼直径为 15.4 米，但建好的塔楼直径为 16.5 米，其面积分布也就不同。但规划中的总原则还是得到遵守，例如腓力式塔楼有两扇门，每扇门前有座吊桥。

塔楼高 27.2 米、厚 4.9 米，直径为 6.5 米，环绕的石砌壕沟深 6.5 米、宽 13 米。该塔有两座吊桥，还有一堵完整的石头砌体，用铁和木插缝加固。总造价为 1600 古斤（法国古币）。

瓦莱里
《坚固城堡》第二卷，1967 年

朗热堡内的富尔克·内拉主塔，在 11 世纪为住宅塔楼，于 12 世纪改建而成。它是最先用石头垒起的塔楼之一

1223 年：
尚帕涅伯爵禁止其藩臣建造堡垒的规定

堡垒建造权是一种法律权力，堡垒建造后许多条例会出现，如同那些规则，即使在不太重要的建筑中也是如此。擅自兴建的堡垒确实不少，统治者企图限制其军事能力，禁止挖壕沟，不准造侧塔，甚至连木廊也不允许。

在米罗附近的吉弗里，亨利·德·米罗有幢房子，因为他在房的四周建了围墙，所以托马斯·德·米罗对他提出了诉讼。其理由是，按当地惯例，在尚帕涅伯爵的领地，任何堡垒都须由伯爵直接负责，不管其人的地位如何。因此，托马斯对亨利做出了让步，允许他和其继承人在那房周围建造高 5 米、厚 0.8 米的围墙，不准挖壕沟，也不准建侧塔；允许他在城墙上凿箭垛，但不许在居高临下的木廊上使用弓箭。

莫尔泰，德尚
《文集》，1929 年

在 13 世纪，"法兰西"规格化

在腓力二世发起的兴建城堡与围墙的浪潮中，城堡建造使用了那些已被检验过的设计，其特点是城堡建筑进入了规范化阶段。在工程上使用相似的技术与尺寸便是证明。这规范化的标准（直至石块的大小），在王朝诸多封侯的城堡建筑中迅速得到普及。

1205 年至 1212 年间腓力二世在不同地方建造城堡的工程概算书

腓力二世的这些行政概算书证明：工程行业结构严密，极为规范，能用精确数字制定预算。在苏瓦松（Soissons）、贡比涅（Compiègne）、蒙塔日和卡彼等地的城堡建筑中，都可以看到这样的例子，强调侧塔和双塔门楼的作用。

苏瓦松的圣梅达尔堡（Saint-Médard de Soissons）

加尼埃必须在圣梅达尔建一堵 97.5 米长的新墙，并修复 486.5 米长的旧墙，该旧墙至护墙的高度为 7.8 米。他还必须在四周角落建造四座新的小塔，并修复原有的两座旧小塔，总共费用为 500 古斤（法国古币，下同）。

贡比涅

戈蒂耶·德·莫兰必须在贡比涅建造长 117 米的长方形石块新墙，该墙至护墙的高度为 7.8 米。他又加高了另一堵墙，至护墙的高度同样为 7.8 米。其城堡堞道为 1.3 米宽。他必须抹上泥土，并全部涂上石灰。他还必须给两座塔楼造四扇门，还要挖宽 16.2 米、深 9.72 米的壕沟。所有费用为 2000 古斤。当地的布尔乔亚出资 900 古斤，国王掏出 1100 古斤。

蒙塔日

加尼埃必须在蒙塔日建造的那些小塔，其费用为 40 古斤。每座塔的墙厚 1.8 米，其直径为 2.6 米。它们分别有两个铺地板的楼层，墙上建有雉堞、护墙。那些门属于两座小塔，门前有狼牙闸门和箭垛。每扇门的费用为 100 古斤。他要为小塔购买石灰和木料。

卡彼

卡彼墙高 9.72 米、厚 2.3 米。环绕的壕沟宽 19.5 米、深 11.35 米，其水深为 4.9 米。在那里建造了两扇门塔和若干座吊桥，从沟底还造起了三座侧塔，它们内径为 3.25 米、墙厚 2.26 米。为

七月王朝时期，这幅莫塞斯的油画（右图）挂在卢浮宫阿波罗画廊里，它反映了当时卢浮宫塔楼建造的盛况。腓力二世站在那里，建筑师将图纸展开，向他做介绍

了完成这工程，他得到 2000 古斤。在这以前，他必须在道路顶端造一座两层的塔楼，内径为 6.5 米、墙厚 3.9 米。他得了 1200 古斤。

莫尔泰，德尚
《文集》，1929 年

1224 年为建造丹纳马克堡在德勒开设的建材市场

经罗伯特三世批准的这一建筑材料市场，可以看到腓力式风格的建筑标准在各方面的影响。今天已不复存在的诺让勒鲁瓦（Nogent-le-Roi）王宫主塔，在当时无疑是主塔的楷模，侧塔建造显然是采取了腓力式风格的建筑标准。

为了在德勒附近的一个叫作丹纳马克的地方建造一座城堡，根据德勒伯爵、罗伯特三世与博蒙勒罗歇的建筑师尼古拉签订的协议，尼古拉将在该地按诺让主塔的样式建起一座砖石砌体的主塔，还要有一口井。院子的墙宽如同今天所见的那样，其高度则高出了 0.64 米。在城楼上将建一条墼道，沿墙必须有雉堞。他将完成三座早已动工的小塔，并造第四座同样大小的小塔。小塔高度将与城墙上的雉堞持平。在城墙上，将造一条带雉堞的墼道；靠城镇的一边，要建造两座直径为 3.25 米的小塔；在主塔四周挖一条深 7.8 米、宽 8.8 米的壕沟，再造一座桥，以便进入主塔。

莫尔泰，德尚
《文集》，1929 年

在中东的军事堡垒

　　当第一支十字军抵达中东时，他们只是满足于将一整套的封建机制搬到中东。他们建造的第一批城堡在规模上与宗主国的城堡并无很大差异，只是全改用石头砌造。自 12 世纪中期起，随着阿尤布王朝的崛起，中世纪骑士团按军队建制组织了起来，他们驻扎在戒备森严的堡垒里。于是，带有多个塔楼的城堡开始出现了，堡垒里宽敞的大厅供军队驻扎，战争期间甚至能容纳 4000 多名士兵。

1240 年圣殿骑士团在中东建造的萨菲堡的工程描述

　　中东的堡垒背景与其宗主国的堡垒背景极为不同。事实上，在连年不断的战争中出现了由中世纪骑士团组成的职业军队——圣殿骑士团和医院骑士团。这些骑士团建起的克拉克骑士堡、托尔托萨堡、朝圣者堡、马尔加堡和萨菲堡等城堡，以现代观点看，它们既是防御工事又是兵营。西方的城堡只是从 15 世纪出现了职业军队之后才是这样。

　　这些堡垒被挖在岩石上的壕沟所环绕，壕沟深 13.7 米、宽 11.7 米。周围护墙高 39 米、宽 19.5 米，形成了 0.7 千米的周长。整个建筑群气势雄伟，拔地而起。四周有地道纵横贯通的壕沟，弓弩手在壕沟的工事里，手执弓箭躲在有利位置，保护着城堡四周的安全，而自己又不被外面的侵犯者看到。围墙周

围塔楼林立，并有许多不同的建筑，共有七座塔楼，每座塔高 23.5 米，每侧宽为 19.6 米，顶端的墙厚 3.9 米。弩炮、投石机、投掷器引人注目地摆在城堡里，整个兵营里还有其他许多形状不一、价格昂贵的兵器……

谈到这圣殿骑士团建造堡垒所需的费用，在开始的两年半里，圣殿骑士团为了建造此城堡花费了 110 万拜占庭金币。除此之外，平均每年要花费 4 万拜占庭金币。平时，他们必须给 1700 名人员提供粮草，在战争时期有 2200 名军人。城堡的正常运转需要 50 名骑士、30 名修士，以及 50 名轻装士兵和他们的马匹与兵器，还有 300 名弓弩手，最后是 800 多个干活的仆人。

莫尔泰，德尚
《文集》，1929 年

克拉克骑士堡是中东城堡建筑中最为壮观的一座

君主与领主的宅邸

　　编年史上，对君主的军事或非军事的建筑的描写通常有些夸张。有时又描写详细，为住宅内部结构组织提供了一些可靠的信息。住宅内部结构极为严谨，私人生活安排得井井有条，至少对于领主夫妇、君主或主教而言；但在乡民的住宅中，猪圈与生活区相距并不远。

1120 年在阿德尔堡里建造贵族住宅
（《阿德尔的兰贝特家族编年史》）

　　12 世纪初，阿德尔领主造了一幢具有主塔特征的住宅，编年史意外地记下了该设计师的姓名。他是个木匠，名叫路易（Louis），擅长设计住宅建筑。

仆人从左边的厨房出来，托着盘子上菜。乐师在领主餐桌右上方的包厢里奏乐。还有在嬉戏的宠物和堆满银餐具的碗柜。这幅画中的一切，充分显示了君主的富裕和城堡大厅的舒适生活（上图）

　　阿德尔领主阿尔诺与吉讷·马那赛斯伯爵签订了和平协议，并得到执行与确认，阿尔诺请人用最好的技术在阿德尔土台上造了一幢木房，与佛兰德地区（Flandre）最好的房屋相比不相上下。该房设计师路易是布尔堡（Bourbourg）的木工和技师，他将阿德尔的房子造得像个错综复杂的迷宫。它有堆放杂物的储藏室、卧室、客房，还有存放谷物与食物的地下室，在房子的上层他建造了一座小教堂。

　　他将这幢房子分为三层，每个部分好像是相互分隔的。在底层为第一部分，其中包括食物储藏室、谷仓、箱柜、木桶、坛罐以及其他的日常器皿。

　　第二层用于居住，是居住者共同生活的场所。卧室都在这一层，其中有总管、司酒官的卧室，还有供领主和他妻子休息的大卧室。还可以看到一间布置得富丽堂皇的卧室，旁边有间内室，还有其女儿和其他孩子的卧室。在卧室最隐蔽的地方有个僻静小间，在黎明或黄昏时，人们在这地方燃火，给病人取暖、放血或给断奶的婴孩取暖。

厨房就在隔壁，它也有两层。楼下饲养猪、鹅、阉鸡和存放待宰、待烹调的其他家禽，楼上是厨师和帮厨待的地方，他们在这里给领主精心烹调美味佳肴，当然也准备家常便饭。

房子的上层还有些临时居住处，供领主的儿子甚至是女儿在需要的时候居住。在这一层楼里，侍卫、专门看房的军士，还有征来的守卫都住在这里。通过楼梯与走廊可以到达各个楼层，从房子到厨房，从这个卧室到那个卧室，同样也可以从该房走到长廊。

莫尔泰，德尚
《文集》，1929 年

欧塞尔教区主教居伊·德·梅洛（Guy de Mello）对其 1247 年至 1269 年的工程的描述

负责编写欧塞尔教区主教编年史的作者对王宫建筑极为重视，他在强调大厅、小教堂和卧室的双重特性的同时，也注重该建筑中的不同分层。

在欧塞尔教区主教的旧大厅旁，他建起了一幢漂亮的全用石头垒成的双层大厅，窗子雕刻精细，阳光透过彩色玻璃。下面是存放葡萄酒的拱顶地窖。在这大厅旁还有幢二层楼的小教堂，专门用来做宗教仪式，还有间朝向大厅的两人卧室和一座可以鸟瞰周围美景的小塔楼。

莫尔泰，德尚
《文集》，1929 年

14 世纪的防御工事与住宅

在城堡建筑史上，14世纪中期是个重要转折期，如果说军事性质的城堡依旧存在的话，那以王宫为模式的豪华住宅也越来越多。这场变化的重要转机开始于阿维尼翁教皇城堡。至今还保存了不少14世纪下半叶城堡建筑的账目，但因年代和顺序等原因，这些账目难以清理。但在那些反映工匠的工程规划，无疑从工头师傅建议的概算上，可以看出修建城堡的整体情况和建设者的想法。

博福尔昂瓦莱堡双塔大厅的建筑概算书（1346年4月17日，国家档案，K1144，第38号）

1346年，克雷芒六世教皇的哥哥、博福尔（Beaufort）伯爵纪尧姆·罗杰请人拟定了一份建筑概算书，它涉及领主土台遗址上的双塔大厅和原围墙的修建。1873年，这份概算书被哥达德·福勒特利埃在安茹的杂志上发表，反映了当时关心的两个问题：防御与居住。

加高门上的塔

首先，门上的塔高3.9米，楼上有木檐的墙高3.25米……在楼层的每堵墙中间有一扇并不高但相当宽的窗，可以从正面或斜面射箭，在每扇窗与墙角之间还有个箭垛，可以用来射箭……

修建围墙

通向塔楼的阶梯旁的旧墙还在，将

来全部保存，包括那堵护墙，它将砌得更高，如同侧塔那样也将建个哨楼……另外，靠近门上塔楼的那堵护墙将被加高，并建造雉堞和哨楼，如同另一头的那堵护墙一样……

靠近门上塔楼阶梯的那堵旧墙与新墙相连，在旧墙外造个管道，盖上长石板，看上去既美观又坚固。为了造上两个厕所，将粪便直接排到壕沟底部；再造个相当大的通道，每次需要时，以便清洗。另外两个厕所将建造在另一头，同样形状，同样材料。

所有与新塔相连的圆围墙都将建造雉堞，并搁上翅架，造起哨楼，来保护周围的围墙。

建造两座新塔楼

这两座新塔楼的建造将以同样的方式开始和结束，愈向上砌愈狭窄……其高度将达39米，是个木框架的砖石砌体。每座塔楼有两层石头拱顶的楼面和两层木地板的楼面。每层有大石板做檐沟，将水排至墙外。每座塔楼的高处筑有石头翅托，如同圆围墙一样。

每座塔楼的墙外都有厕所，它们与通往壕沟底的管道直接相连。每次需要时，粪坑可以清洗。这些管道上凿有小洞，来驱散厕所的污浊气息。每座塔楼下的卧室里，有两个至三个厕所座位，将造在围墙的另一边，避免卧室与大厅有异味。

在塔楼朝东的石板拱顶的第二层右边将建个小教堂，在其上面，按领主旨意将放个藏衣室，或贮藏领主要用的其他东西……

在塔楼左边的其他楼面，可能放个存酒室、几个藏衣室或领主要用的其他物品。

建造新大厅

大厅的入口，将沿着原先的大厅建造在两个塔楼的中间。靠近新塔楼的新大厅的左边角落将建造一座楼梯，沿楼梯可以一直走到最下面大厅旧墙脚的拱门，从那里可以进入上面另一拱门，这楼梯可以让一桶葡萄酒通过……

旧拱门将重建，这拱门太高，放低2 米左右，好在上面建造两层。在这拱顶上将浇筑些美观结实的挂钩和环饰，为了悬挂肥肉或其他东西……

大厅墙上将建造突出的石头翅托，并筑有雉堞直至新塔，跟围墙一样。在高处的鸽房旧洞穴上，将装上精美坚实的石头翅托来承托凸出的木窗，大厅的木梁正好架在这里。在大厅周围，可以沿着堞道一直走到塔楼上，还筑有石头的出水口来排水……

体积

大厅内部高 15.6 米、宽 10.92 米。大厅后面沿壕沟的旧墙高达 29.24 米。从土台城堡的顶端到塔底大约有 16.25 米，塔内约为 4.87 平方米。

城堡建筑师的作用

通常，国王与亲王只用城堡来表示自己的统治和存在，对规划的方向有时提出要求。然而也有人提出一些自己的看法，例如有人给狮心王理查提供了"坚固城堡"的部分设计。事实上，这取决于城堡主的地位及召集能人贤士的能力。例如，腓力二世就网罗了一批精通城堡建筑的专家来做城堡建设的预算。克里斯蒂·德·皮桑说明了查理五世在建造万塞讷堡时的作用，他召集了一个专家班子。

1106 年至 1135 年"学者"亨利一世（Henri I Beauclerc）在诺曼底的建筑（《罗伯特·德·托里尼编年史》）

"学者"亨利一世无疑是 12 世纪初诺曼底伟大的建筑师之一。他是卡昂或韦尔农的主塔建造者，他也成功地主持了一些最实用的堡垒工程。

围绕鲁昂主塔，亨利一世在诺曼底家族第一公爵理查王宫内建造了一堵又高又宽的围墙，围墙顶端筑有凸出的木廊。围墙内那些楼房完全符合国王家族的尊严，有些主塔没有木突廊，他叫人给建造上了。其中有座主塔的一扇窗称为"科南跳窗"，因为亨利一世曾命令手下的士兵将一名叫"科南"的叛徒从这窗口扔了出去，他是鲁昂城的一名富豪，当时他想将该城拱手交给英王威廉的军队。

亨利一世在卡昂堡内造了一座高大的主塔，加高了城堡的围墙，这城堡是他父亲所建……同样，他出色地给阿尔克堡建造了一座主塔和围墙。在日索尔、法莱斯、阿让唐（Argentan）、埃姆（Exmes）、栋夫龙、昂布里耶尔（Ambrière）、维尔（Vire）、加夫赖等地，他都参与了这些地方的城堡建设。在韦尔农，他也建了一座主塔。

德利斯勒
1872 年

1196 年至 1202 年狮心王理查建造的"坚固城堡"（《纪尧姆·勒布勒东编年史》）

纪尧姆·勒布勒东给"坚固城堡"提出了一个值得关注的观点，这观点与主塔无关，而是与侧塔和围墙有关。

山岗突兀屹立，一边是蜿蜒而去的塞纳河，而周围其他地方矗立着几乎同样高的小山峦，它们之间相隔着一道道沟谷。山岗上，狮心王查造了一座堡垒，围墙外是一条条沿裸石挖成的很深的壕沟。壕沟的另一边，建起了很高的主塔和围墙。另外一座小山被很深的壕沟环绕，他砌起了高高的石头围墙，挖了同样深的壕沟。他将这堡垒称为"坚固城堡"，这名词象征着法国的激情。

德拉波尔德
《腓力二世》，1882 年

查理五世关于建造万塞讷堡的计划（克里斯蒂·德·皮桑《英明查理王年代的善良风俗》）

14 世纪 70 年代查理五世在建造万塞讷堡高大的围墙时，他的目的很明确：他要让亲人全住在这围墙里。在长方形的侧塔里，他们有各自的房间。这些塔确实按这一设计建造，但动荡的局势无法将此付诸实现。克里斯蒂·德·皮桑在书中谈到了原来的设想。

他原计划将坐落在万塞讷森林的这座城堡变成一个封闭的城镇，他打算在这里建起各种住宅，让某些领主、骑士、其他人士居住。按每人地位的重要程度享有终生住宅。免除地役，今后也不负担劳役和任何形式的税赋……

索朗特
1936 年至 1940 年

艺术家的作用

　　建筑一直是专家的事。他们根据规划设计三维平面并妥善安排，同时要有高超技艺来予以实施。按不同情况，他们可以是石匠、木工或军事技师。尤其自 14 世纪中期起，他们的地位得到承认，令人难忘的是著名的圣殿骑士团的雷蒙（Raymond du Temple），他是查理五世的建筑师。

1094 年建造伊夫里拉巴塔耶塔楼的记载

　　自 11 世纪末，关于古旧城堡的传说不胫而走，伊夫里拉巴塔耶塔楼就是其中一例。在这传说中，四分之三世纪之前的巴约伯爵的遗孀奥布雷夫人成了个令人毛骨悚然的角色。

　　伊夫里拉巴塔耶塔楼以气势雄伟及防御森严而闻名，它由巴约伯爵的遗孀奥布雷夫人主持建造。于格（Hugues），巴约的主教、让（Jean）的哥哥、鲁昂的大主教，长期以这地方为据点抵抗诺

曼底的公爵。据说是奥布雷夫人将建筑师朗弗瓦的人头砍落，为的是不让其他地方出现类似的建筑。朗弗瓦的名气超过了法国当时的所有专家，他曾经主持了这塔楼的建造，在此之前他还主持了皮蒂维耶塔楼（Pithiviers）的建造。

帕雷弗莱斯特等
1838 年至 1855 年

1139 年布尔堡的主人在一夜之间建起一座城堡（阿德尔的兰贝特《吉讷伯爵史》）

　　阿德尔的兰贝特一开始就指出，11 世纪时土台的建造变得无法控制。随后，他继续写到，一个世纪后，一个雄心勃勃的人预制了一个木主塔，一夜之间将它竖立在土台上。

　　阿莫利出身于埃萨尔德斯家族，他是雷德纳尔特地区的富豪，他极其信赖手下人和朋友，打算在欧德吕克村北部建造一座四周垒墙的土台……此后，这地方也就以阿梅瓦勒命名，这似乎合情

合理。

　　……该地方被冷落了多年后，布尔堡的主人亨利秘密派遣了几名土地测量员和木工到阿梅瓦勒，他们借助量杆围着这地方转了一圈，按比例丈量了这土台。他们的目的是要在布尔堡悄悄建起一座塔楼、石砌体和其他必要的设置，当然不能让吉讷伯爵阿努尔·德·根特和他手下人知道。随后，众多士兵与当地人齐心协力，乘着黑夜将早已预制好的建筑搭在阿梅瓦勒……该城堡被称为"花堡"，并非人们所认为的那样，在主塔顶端竖起长矛，长矛刃上缚上野花，而是在城堡的防御工事上放上了鲜花和士兵、弓箭手或其他军人所需要的治疗伤病的药膏，准备与吉讷伯爵的人打仗。

哈勒
《德国历史遗迹史》，1879年

12世纪末克雷蒂安·德·特鲁瓦对住宅主塔的描述

　　如果说编年史着重阐述了城堡的军事作用的话，那么小说家和诗人则截然不同，他们用自己的笔强调了住宅塔楼的豪华。克雷蒂安·德·特鲁瓦在《克利瑞》一书中谈到了一个住宅城堡，内有许多卧室，有一座螺旋式楼梯，从壁画上能够看到它的装饰。城堡内还有舒适的浴室，热气从地下管道送来。这是个理想的城堡模式，它揭示了12世纪末王朝的期盼。同样应看到建筑师的才华，不但要有卓越的土木工艺，还要精通绘画与室内装潢。

　　在城脚下的小山谷里，让（Jean）造了一座塔楼，他曾为此付出了艰苦的劳动。他带克利瑞来到了那里，让他参观了墙上有精致、色彩缤纷的壁画的楼层，他还带克利瑞参观了那些卧室和壁炉，带他从上至下参观了整个塔楼。克利瑞还目睹了那间无人知晓也无人光顾的密室。这塔楼令他兴奋不已，他说这塔楼实在太美了。他的小姐将每天很好地生活在这塔楼里，不会让任何男人知道……

　　让推开一扇秘密的门，小心翼翼以免门臼脱落。他们相继走进塔楼，沿着螺旋式楼梯走下来，穿过有拱顶的楼层，这里曾经是让的工作室……该塔楼完全符合主人要求，有许多卧室和供热水的浴盆，这些热水通过与大锅连通的地下管道流入浴室……

米萨
1982年

浪漫城堡与历史遗迹城堡

"如果说军事城堡在本质上应该是威严和严厉的，但即使在那些最为庄严肃穆的城堡中，还是看到了温柔的一面，就好像在一张漠然的脸上露出了微笑一样。在领主接待客人的住宅遗迹上，有时粗糙的城墙上露出的几扇窗户，像没有眼珠的眼眶，于是人们不禁想到，虽然中世纪是个腥风血雨的年代，但也不乏温情。"

亨利-保罗·埃杜（Henri-Paul Eydoux）
《神奇的城堡》，1969 年

1817 年夏多布里昂对孔堡的回忆

夏多布里昂在《墓畔回忆录》一书中，善于将他过去的生活置于浪漫的背景下予以描述，建筑物与大自然只是在情感左右下得到取舍，这是一种将童年的遗憾和对自己的怜悯融合在一起的情感。在 49 岁时，这位外交家兼作家在他对孔堡的回忆中充满了浪漫主义的激情，用浪漫主义的目光看中世纪城堡，地道、地下室、秘密与妖魔都出现了，黑夜与漆黑的地穴起了同样的作用。

在这小镇西部边缘，黄昏落日染红了树林，那座封建时代城堡的各个塔楼在那一大片高耸的树木中岿然挺立……在院子深处的那块略微升高的土地上，城堡主塔在两边高耸的树丛中时隐时现。略显忧郁、严肃的城堡正面有一堵带有齿饰、露天的突堞走廊的护墙。这护墙将两座不同年代、不同材料和不同高度的主塔连在一起。这些主塔最高的

尖顶都有雉堞，如同戴在哥特式皇冠上的软帽……

城堡塔楼的窗面朝内院，白天我朝窗外望去，眼前是护墙顶上的雉堞，墙上长满了荷叶蕨和一棵野梨树；夜晚，我只能望见一小片星辰寥落的夜空……

我孤独地待在这个荒寂的地方，站立在走廊的窗口，黑暗中传来的簌簌声，我听得清清楚楚。有时风似乎迈着轻盈的步履穿过城堡的墙，有时它会发出几声沉重的叹息。突然，我的门被猛烈地吹开了，地道里发出了呼啸般的声响，这些声音很快消失了，但是它们似乎在等待着，准备重新开始。

《墓畔回忆录》

1835 年梅里美在南方旅行时关于阿维尼翁教皇城堡的描述

1830 年普罗斯佩·梅里美被任命为历史遗迹建筑的总监。在他对教皇城堡的描述中，他持有的是一种单一观点：他只谈城堡的军事作用，不谈住宅作用。防御工事、内堡和为

14 世纪，由历史遗迹建筑专家达西建造的耶夫尔河畔默安堡

攻城者准备的陷阱，都是城堡建筑规划的主要结构。这一看法与那浪漫主义的感觉都成了维奥莱·勒·杜克对城堡分析时采纳的主要方法，然而，始终沉浸在古典文化中的梅里美对这建筑师在他《建筑分析词典》中提到的建筑文化还不甚理解，但这部词典将使他重新估量中世纪的建筑。

当看到教皇城堡时，这是建筑群中最为壮观的一个城堡，与其说它是个上帝和平使者的住宅，倒还不如说是个亚洲暴君的要塞。它建在峻峭的山岩上，塔楼的高度令人惊叹。这巨大的建筑与艺术似乎丝毫无关，所有与消遣和舒适

1899 年至 1908 年，建筑师博多·埃尔巴尔德在阿尔萨斯为威廉二世重建的上科尼格斯堡

有关的设施全被防御工事所取代。不仅城墙的厚度、高度和围绕四周的壕沟都似乎在随时抗击敌人来犯，而且人们还预防突然袭击。城堡内部与城堡外部一样工事林立，院子四周屹立着高大的侧塔与护墙。即使进犯者占据了大门和这塔楼，他们还是束手无策，他们必须再次围城。即便所有防御工事落在来犯者手中，他们还要强攻一座塔楼。于是大门被砸破，破门而入的敌人拥到楼梯上，他们即将冲进教皇休憩的房间。突然，眼前的楼梯消失在城墙里了，在只有木梯才能登上的平台上站满了守卫，从容不迫地对那些以为胜券在握的入侵者射出致命的箭石。

该城堡绝大部分的建筑建于 14 世纪上半期，可以看作当时军事城堡的楷模。该建筑的粗犷与无序的结构令参观者颇为惊讶……这些塔楼不是方形，窗户也不遵守直线的规则，人们见不到一个直角，建筑间的联络只是借助无数的小道来保持。

梅里美
《旅游杂记》

维奥莱·勒·杜克《建筑分析词典》关于库西主塔的"城堡"章节

在《建筑分析词典》一书中，维奥莱·勒·杜克对中世纪城堡规划做了大量的分析。在当时正统观念影响下，他的种种解释通常被完全过时的社会历

史哲学观所左右，此外，他对中世纪的建筑师无限仰慕。但他的研究中却表现出考古学精神，将传说与实录区分开来。他可能是第一位揭穿有关地下室与黑牢神话的作者。

即使将库西堡的领主住宅被毁的原因归于时光，那么今天可以看到这巨大的建筑群依旧保持着原始状态的辉煌，因为这高质地的建筑材料没有任何衰败的迹象，这建筑似乎是为了永久存在而设计的，隐蔽部分的内墙油漆依旧完整如新，似乎刚刚完工。

按目前状况，在库西堡的地下纵横着许多宽大的地道，似乎有序地设在那里，建起了城堡内各防御工事之间以及与城堡外防御工事的秘密联系……当传说其中一个地道（其入口通常与住宅下所有地道相连）穿过山丘和峡谷，直接通往普赖蒙特莱修道院时，我们无法确认这是否属实，尤其是法国许多中世纪的城堡废墟都有同样的传说。

维奥莱·勒·杜克
《建筑分析词典》
1856 年至 1866 年

这是皮埃尔丰城堡的重建工地，这个规模宏大的工程由维奥莱·勒·杜克为拿破仑三世建造

名词解释

Arbalétrière/Archère [箭垛]
城墙上的垂直孔洞，用于弓弩（无疑这是守卫城堡时用得最多的兵器）射击，因此亦被称为"箭眼"。箭垛常和门窗侧墙内的斜削面相连，斜削面极为简单，或者是造在拱顶龛里。箭垛外侧下端有个延伸斜角，弓箭手可在此朝下瞄准。

Archères spéciales [特种箭垛]
为了方便射箭而建造的特别形式的箭垛。当箭垛外侧下端有延伸斜面时，箭垛底部拓宽成三角形、圆形或长方形，是为"箍架箭垛"；箭垛下半部拓宽，是为"支架箭垛"；可以横向瞄准的十字形箭孔，是为"十字形箭垛"；四周带箍架的十字形箭孔，是为"粗尾十字形箭垛"。

Ban [官方告示]
来自日耳曼语，指封建体制中对事与人的管辖的范围，其形容词为"banal"（付税后可使用的）。"Ban"指决定或使用徭役，用那些被奴役的人来建造公共建筑。

Barbacane [外堡]
为了保护城堡而建在城堡入口处的建筑。自15世纪起，它被称为"林荫大道"或"半月形城堡"。

Basse cour [院子]
在城堡内部或在围墙内的空间，壕沟把它与贵族住宅等主要建筑分开，通常供下人居住，他们在这里劳动。一些早期的院子成了城堡小镇，而许多院子则成了附属建筑物。至今还能看到这些院子，由于环境问题，在最近年代里许多贵族纷纷迁移了出去。

Bergfried [钟楼]
来自日耳曼语，它通常指无人居住的主塔，它高耸在周围带有防御工事的房子上，形成所谓"山顶城堡"。尽管在法语里不太用这词，但在许多主塔中可以看到它，如多尔多涅、利穆赞山，甚至朗格多克。

Canonnière [射击孔]
14世纪起箭垛被改为火器射击孔，原先的箭垛凿成了圆形，可用于携带式火器。在新建筑中还出现了双重用途的射击孔，下面可以使用中口径火器，而上面的独立或不独立的孔洞可以使用弓箭。

Canonnière à la française [法兰西射击孔]
14世纪最后25年里，箭垛和射击孔嵌进了城墙砌体中，为避免削薄城墙，外面的斜削面成了X形状，被称为"法兰西射击孔"。

Chemise [护墙]
紧挨着城堡中心建筑（主塔）的围墙。它可以指四周围墙，或仅指守护主塔正面的那部分。

Console [托底]
一种砖石结构托座。通常由三个或更多的底盘和凸形石块组成，用于支撑木头砌体或突廊柱带。

Couleuvrine [轻型炮]
原先指半携带式火器，需要放置在射击孔斜削处的木托座上来发射。自16世纪起，这个词只是指围城时用的重型火器。

Degré [台阶楼梯]
直通大厅的笔直楼梯。

Donjon [主塔]
从词源上看，它是指城堡的封建核心建筑，

即土台上的主要建筑。在整个中世纪，它一般指代表封建权力的建筑群体，也就是说大厅和卧室。14世纪起，它也可释为主塔，但并不多见。到了19世纪，它又有了最新的含义：作为最后藏身处的主塔。

Echauguette [哨楼]
悬突建筑物，包括一间通常在角落里的小房间。

Flanquement [侧堡]
护墙上的悬突建筑，通过射击来打击那些来犯者。

Galerie [长廊]
在中世纪词汇里，它一般指有顶和封闭的通行空间。一个长廊可以指走廊，或者散步、娱乐的大厅。

Hourd [突廊]
城墙顶或护墙顶的突出木廊，通过地板上的洞孔可以垂直向下射击。

Mâchicoulis [突堞]
城墙顶上的砖石突廊，与突出木廊有同样作用。

Mâchicoulis breton [布列塔尼突堞]
胸墙在倒置的半圆锥体托座上的突堞。

Mâchicoulis sur arc ou sur contrefort [在法圈与护墙上的突堞]
通过有斜纹的法圈的托底，胸墙在护墙上的突堞。

Marque de tâcheron [包工头印记]
刻在石块上的印记。用来表示石头在建筑物中的位置，或是刻石工用来辨认凿石的印记。

Merlon de terre [土城堞]
人工堆起的三角形土丘，在上面砌墙或筑栅栏。

Mine [坑道]
由入侵者为能抵达城墙底下而建造的地下隐蔽通道，并在通道里挖孔洞，一旦塌下便是个缺口。

Motte [土台城堡]
人造的高地，用作城堡围墙或塔楼的基地，控制城堡周围广场的其余部分。

Oriel [凸肚窗]
城堡墙壁上凸出的建筑，通常是悬空的，附有小的辅助部件。

Perron [台阶]
桌子或石凳放置在大台阶前面，或放在台阶的顶部。

Quatre-feuilles [四叶瓣形]
呈三叶状和四叶状的教堂半圆形后殿或主塔。

Sape [地道]
围城时进攻者挖掘的整个地下工程。

Shell-Keep [要塞轮廓]
沿土台顶的围墙，在它的内部环行道上可建造住宅楼房。

Trébuchet [投石机]
一种可弹射石块进行远距离攻击的武器。

Veuglaire [中口径炮]

参考书目

总论

- Chatelain (A.), *Châteaux forts, images de pierre des guerres médiévales*, Paris, Rempart, 1983 (Bonne synthèse).
- Chatelain (A.), *Donjons romans des Pays d'Ouest*, Paris, Picard, 1973 (Inventaire des tours maîtresses rectangulaires à contreforts).
- Eydoux (H.–P.), *Châteaux fantastiques*, 5 vol., Paris, Flammarion, 1969–1973 (Irremplaçable découverte mêlant vision archéologique et romantique).
- Fino (J.–F.), *Forteresses de la France médiévale*, Paris, Picard, 3ᵉ éd., 1977. (Bonne évocation des techniques de construction et de l'armement).
- Fournier (G.), *Le Château dans la France médiévale*, Paris, Aubier, 1978. (Aspects historiques et sociologiques).
- *La Maison forte au Moyen Âge*, éd. M. Bur, Paris, Éditions du CNRS, 1986 (De la motte à la maison forte, château au petit pied...).
- Mesqui (J.), *Châteaux et enceintes de la France médiévale. De la défense à la résidence*, 2 vol., Paris, Picard, 1991–1993 (synthèse exhaustive).
- Salch (Ch.–L.), *Dictionnaire des châteaux et des fortifications du Moyen Âge en France*, Strasbourg, Publitotal, 1979 (Une extraordinaire liste illustrée de tous les sites fortifiés de France).

住宅和装饰

- *Le château médiéval, forteresse habitée (XIᵉ–XVIᵉ siècles). Archéologie et histoire: perspectives de la recherche en Rhône–Alpes*, sous la dir. de J.–M. Poisson, Paris, Maison des sciences de l'homme, 1992 (Documents d'archéologie française, n°32), (Actes d'un colloque fournissant des vues remarquables sur la vie castrale).
- *Architecture et vie sociale à la Renaissance*, éd. J. Guillaume, Paris, Picard, 1994 (Malgré son titre, contient plusieurs chapitres consacrés au Moyen Âge).
- *Manorial Domestic Buildings in England and Northern France*, éd. G. Meirion–Jones et M. Jones, The Society of Antiquaries of London, Londres, 1993 (Remarquable série d'articles sur les résidences seigneuriales au Moyen Âge).
- Robin (F.), *La Cour d'Anjou–Provence. La vie artistique sous le règne de René*, Paris, Picard, 1985 (Excellente approche de l'art princier, dans et hors le château).

法国

- Alsace: Biller (Th.), Metz (B.), *Die Burgen des Elsass*, t. III, 1250–1300, Munich, Deutscher Kunstverlag, 1995.
- Gascogne: Gardelles (J.), *Les Châteaux du Moyen Âge dans la France du Sud-Ouest. La Gascogne anglaise de 1216 à 1327*, Paris, Arts et Métiers graphiques, 1972.
- Ile–de–France: Mesqui (J.), *Ile–de–France gothique. II. Les demeures seigneuriales*, Paris, Picard, 1988.
- Haute-Loire: *Châteaux de Haute–Loire*, éd. R. Thomas, Brioude, Watel, 1993.
- Lorraine: Giulato (G.), *Châteaux et maisons fortes en Lorraine centrale*, Paris, Maison des sciences de l'homme, 1992 (Documents d'archéologie française, 33).
- Rhône–Alpes: *Châteaux médiévaux en Rhône–Alpes*, ouvr. coll., Lyon, 1990.(Art et Archéologie en Rhône–Alpes. Cahiers René

de Lucinge, spécial, 6).
- Rouergue: Miquel (J.), *L'Architecture militaire dans le Rouergue au Moyen Âge*, Rodez, Édition française d'Arts graphiques, 1981, 2 vol.

德国

- Antonow (A.), *Planung und Bau von Burgen im Süddeutschen Raum*, Alexander Antonow Verlag, Frankfurt–am–Main, 1983.
- Biller (Th.), *Die Adelsburg in Deutschland. Entstehung, Form und Bedeutung*, München, Deutscher Kunstverlag, 1993.

英国

- Brown (R. A.), Colvin (H.–M.), Taylor (A.–J.) *The History of the King's Works*, Londres, Her Majesty Stationery Office, vol. I–III, 1963.
- Renn (D.), *Norman Castles in Britain*, Londres, John Baker Humanities Press, 1973.
- Thompson (M. W.), *The Rise of the Castle*, Cambridge University Press, 1991.

意大利

- Marconi (P.), Fiore (F.–P.), Muratore (G.), Valeriani (E.), *Monumenti d'Italia, I Castelli*, Novara, Istituto geografico de Agostini, 1978.

地中海沿岸

- Benvenisti (M.), *The Crusaders in the Holy Land*, Jerusalem, 1970.
- Deschamps (P.), *Les Châteaux des croisés en Terre sainte*, t. I, *Le krak des Chevaliers*, Paris, 1934; t. II, *La Défense du royaume de Jérusalem*, Paris, 1939; t. III, *La Défense du comté de Tripoli et de la principauté d'Antioche*, Paris, Geuthner, 1973.
- Eydoux (H.–P.), *Les Châteaux du soleil*, Paris, Perrin, 1982.
- Müller–Wiener (W.), *Burgen der Kreuzritter*, Berlin, Deutscher Kunstverlag, 1966.

专题论文

- Aigues–Mortes: Inventaire général des Monuments et des richesses artistiques de la France. *Gard: canton d'Aigues–Mortes*, Paris, Imp. nationale, 1973.
- Angers: Mallet (J.), *Le Château d'Angers*, Nantes, 1991 (Images du Patrimoine).
- Annecy: Chalmin–Sirot（E.）, *Le Château d'Annecy*, Lyon, Presses universitaires de Lyon, 1990.
- Avignon: Gagnière (S.), *Le Palais des Papes d'Avignon*, Avignon, 1983.
- Bonaguil: Séraphin (G.), Nespoulos (J.–L.), *Bonaguil, demeure seigneuriale en Agenais*, Cahors, Quercy–recherche, 1979.
- Fécamp: Renoux (A.), *Fécamp: du palais ducal au palais de Dieu*, Paris, Éditions du CNRS, 1991.
- Montreuil–sur–Mer: Faucherre (N.), *Montreuil–sur Mer, ville fortifiée*, Lille, Service de l'Inventaire, 1993.
- Paris, La Bastille: *Sous les pavés, la Bastille, Archéologie d'un mythe révolutionnaire*, ouvr. coll., Catalogue de l'exposition présentée du 12 octobre 1989 au 7 janvier 1990, Paris, Caisse nationale des Monuments historiques et des Sites, 1989.
- Vincennes: Chapelot (J.), *Le Château de Vincennes. Une résidence royale au Moyen Âge*, Paris, Éditions du CNRS, 1994.
- Pour l'amusement, on peut relire l'*Histoire d'une forteresse*, d'Eugène Viollet–le–Duc, rééd. Mardaga, 1978, qui raconte à la façon

du XIX° siècle l'histoire architecturale d'une ville et d'un château imaginaires, la Roche-Pont, à défaut de consulter les articles de son *Dictionnaire raisonné de l'architecture française*.

主要的古代文献

（在"见证与文献"中有标注）

– Mortet (V.), *Recueil de textes relatifs à l'histoire de l'architecture…, XI°–XII° siècles*, Paris, 1911.

– Mortet (V.) et Deschamps (P.), *Recueil de textes relatifs à l'histoire de l'architecture…, XII°–XIII° siècles*, Paris, 1929.

图片目录与出处

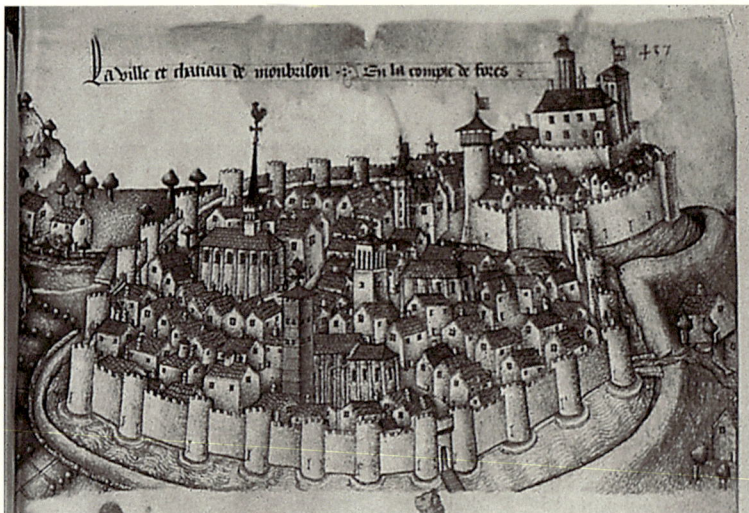

书馆手稿部，巴黎。
第 134—135 页 《耶夫尔河畔默安堡》，水彩画。历史博物馆发现中心，巴黎。
第 136 页 位于阿尔萨斯的上科尼格斯堡。
第 137 页 修建中的皮埃尔丰城堡。

图片授权

（页码为原版书页码）

Aerofilms Ltd 25h, 39, 42h, 42b. Aïsa, Barcelone 13, 36h, 45h, 59, 67b, 116-117, 118. Altitude/Franck Lachenet 1er plat de couverture. Arch. phot. Paris/(c) Spadem 1995 1, 149. Archiv fur Kunst und Geschichte, Berlin 82b, 88h. Bibliothèque nationale de France dos 16h, 24h, 26, 38, 40, 41, 43, 48-49b, 54-55h, 60-61, 70-77, 78, 84, 89, 91h, 92, 94, 95m, 96b, 125, 129, 138, 143, 144, 151, 158. Bibliothèque royale Bruxelles 101. Bildarchiv Preussischer Kulturbesitz, Berlin 68-69, 80-81, 112-113. The British Library, Londres 23, 44b. Cat's coll. 107, 118-119 120-121. Caisse nationale des Monuments historiques et des sites/(c) Spadem 1995 2-3, 4-5, 6-7, 8-9, 52, 97g, 128, 148.J.-L. Charmet 57d, 106, 109, 114-115. Dagli Orti 17, 18-19, 22h, 64-65, 103. DR 4e plat de couverture, 14-15, 16b, 18, 20b, 20-21, 21, 22b, 24-25, 28, 29, 30, 32-33, 34, 35, 35b, 37h, 45b, 48h, 49h, 50, 51, 53h, 54, 54-55h, 56, 57g, 58, 58-59, 61, 62, 68, 87h, 88b, 90, 90-91, 94-95, 95h, 97d, 98h, 98-99, 99g, 102, 102-103,110-111b,113, 114, 115, 122b, 123,124-125, 132, 134, 136-137, 139, 146-147. Edimédia 108, 110-111h, 112, 119,126-127, 127. Ferrante Ferranti 46-47. Gallimard/Jean Bernard 52-53. Gallimard/Lessing 82-83, 86-87, 131. Giraudon 26h, 32, 36-37,44h, 62-63, 96h. Institut de France/G. Fessy 34d, 133. Magnum/Erich Lessing 11, 12, 31, 33, 60, 66-67, 67h, 85m, 104-105. Réunion des musées nationaux 26m, 79, 122h. Scala, Florence 84-85. Tapabor 116,117. Jean Vigne 93, 100.

致谢

L'éditeur remercie Guy Cogeval, conservateur du musée national des Monuments français, et Jean-Daniel Pariset, conservateur de la bibliothèque du Patrimoine, ainsi que Jean-Pierre Aniel,conservateur à la Bibliothèque nationale de France, pour leur aimable concours.

原版出版信息

DÉCOUVERTES GALLIMARD

COLLECTION CONÇUE PAR Pierre Marchand.
DIRECTION Elisaboth de Farcy,
COORDINATION ÉDITORIALE Anne Lemaire.
GRAPHISME Alain Gouessant.
COORDINATION ICONOGRAPHIQUE Isabelle de Latour.
SUM DE PRODUCTION Perrine Auclair.
CHEF DE PROJET PARTENARIAt Madeleine Giai-Levra.
RESPONSABLE COMMUNICATION ET PRESSE Valérie Tolstoï.
PRESSE David Ducreux.

LES CHÂTEAUX FORTS, DE LA GUERRE À LA PAIX

ÉDITION Frédéric Morvan.
ICONOGRAPHIE Frédéric Morvan et Anne Soto.

MAQUETTE Vincent Lever (Corpus), Aalam
Wassef (Témoignages et Documents).
LECTURE-CORRECTION François Boisivon et
Jocelyne Moussart.
PHOTOGRAVURE Mirascan.

图书在版编目（CIP）数据

城堡的兴亡：从战争到和平 / （法）让·梅斯基
（Jean Mesqui）著；赵念国译 . — 北京：北京出版社，
2024.7

ISBN 978-7-200-16112-0

Ⅰ . ①城… Ⅱ . ①让… ②赵… Ⅲ . ①城堡－世界－
普及读物 Ⅳ . ① K916-49

中国版本图书馆 CIP 数据核字（2021）第 009221 号

策 划 人：王忠波　向　霁　　　责任编辑：白　云　王忠波
责任营销：猫　娘　　　　　　　责任印制：燕雨萌
装帧设计：吉　辰

城堡的兴亡
从战争到和平
CHENGBAO DE XINGWANG

[法] 让·梅斯基　著　赵念国　译

出　　　版：北京出版集团
　　　　　　北 京 出 版 社
地　　　址：北京北三环中路 6 号　　邮编：100120
总 发 行：北京伦洋图书出版有限公司
印　　　刷：北京华联印刷有限公司
开　　　本：880 毫米 ×1230 毫米　1/32
印　　　张：5.25
字　　　数：149 千字
版　　　次：2024 年 7 月第 1 版
印　　　次：2024 年 7 月第 1 次印刷
书　　　号：ISBN 978-7-200-16112-0
定　　　价：68.00 元

如有印装质量问题，由本社负责调换
质量监督电话：010-58572393

著作权合同登记号：图字 01-2023-4210

Originally published in France as :

Les châteaux forts : *De la guerre à la paix* by Jean Mesqui

©Editions Gallimard, 1995

Current Chinese translation rights arranged through Divas International, Paris

巴黎迪法国际版权代理